国家出版基金项目
NATIONAL PUBLICATION FOUNDATION

"十三五"国家重点出版物出版规划项目—构建和谐劳动关系理论研究丛书

中国劳动关系的治理

The Governance of China's
Labor Relations

吴清军 著

中国工人出版社

图书在版编目（CIP）数据

中国劳动关系的治理/吴清军著.—北京:中国工人出版社，2021.1
ISBN 978-7-5008-7615-1

Ⅰ.①中…　Ⅱ.①吴…　Ⅲ.①劳动关系－管理－研究－中国
Ⅳ.①F249.26

中国版本图书馆CIP数据核字（2021）第008126号

中国劳动关系的治理

出 版 人	王娇萍
责任编辑	罗荣波
责任印制	栾征宇
出版发行	中国工人出版社
地　　址	北京市东城区鼓楼外大街45号　邮编：100120
网　　址	http://www.wp-china.com
电　　话	（010）62005043（总编室） （010）62005039（印制管理中心） （010）82075935（工会与劳动关系分社）
发行热线	（010）62005966　82029051
经　　销	各地书店
印　　制	天津嘉恒印务有限公司
开　　本	880毫米×1230毫米　1/32
印　　张	8.25
字　　数	190千字
版　　次	2021年2月第1版　2021年2月第1次印刷
定　　价	68.00元

目　录

绪 论

一、研究背景

2015 年，中共中央、国务院印发了《关于构建和谐劳动关系的意见》（以下简称《意见》），明确了构建中国特色和谐劳动关系的重大意义、指导思想、基本原则、目标任务和政策措施。该《意见》既是指导新时期劳动关系工作的纲领性文件，同时也是最近 10 多年来国家构建和谐劳动关系工作探索和实践的总结。构建中国特色和谐劳动关系，是建设社会主义和谐社会的重要基础，和谐劳动关系应符合和谐社会的基本特征。2006 年中共中央印发的《关于构建社会主义和谐社会若干重大问题的决定》明确了和谐社会的基本特征：我们要构建的社会主义和谐社会，是在中国特色社会主义道路上，中国共产党领导全体人民共同建设、共同享有的和谐社会。按照其对和谐社会的界定，和谐劳动关系的基本特征应该是在中国共产党领导下共建共享的稳定劳动关系。

为构建中国特色和谐劳动关系，党和政府在建立和完善劳动关系的法律、体制、制度、机制以及能力建设等方面做了多年的探索和改革创新，并不断加快建设“党委领导、政府负责、社会协同、企业和职工参与、法治保障”的工作体制。党的十九大报告指出，“完善政府、工会、企业共同参与的协商协调机制，构建和谐劳动关系”，“打造共建共治共享的社会治理格局。加强社会治理制度建设，完善党委领导、政府负责、社会协同、公众参与、法治保障的社会治理体制”。所以，当前构建中国特色和谐劳动关系是在党委领导下，政府、工会、企业和劳动者共建共治共享的社会治理过程。

二、研究过程与资料来源

本书的写作长达6年时间。在整个研究过程中，笔者分别进行了文献梳理、研究计划论证、资料收集、资料分析和书稿撰写等工作。在研究过程中，本书部分章节已在不同期刊上发表。下面主要就研究的主要工作内容做简单介绍。

第一，文献梳理工作。笔者分别梳理了五个方面的文献，即和谐劳动关系构建的相关政策与制度、政府规制与劳动关系政策研究文献、政府主体研究文献、劳动关系模式国际比较研究文献、当前中国劳动关系研究文献。在开展具体研究计划之前，笔者按照以上主题进行了文献梳理和文献评述工作。通过文献评述，笔者找到破题的突破口，并寻找到了研究创新的方向，这些工作为后期研究计划的顺利开展打下了坚实的基础。

第二，研究计划论证工作。在前期文献评述的基础上，笔者设计了具体研究执行方案。研究执行方案包括：一是确定调查对象和抽样方法，问卷调查的调查对象选取了各省、市、县人力资源和社会保障部门劳动关系工作负责人；定性资料分别选取企业、工会和政府工作人员为访谈对象。二是确定数据采集的方案，具体包括定量研究的问卷设计与发放、回收方案，定性资料的访谈对象选取和访谈内容等。三是问卷数据和定性资料处理的方案。由于此项工作量非常大，所以在方案实施之前，笔者做了较为详细的论证。

第三，资料收集工作。资料包括两部分内容，即定性访谈资料和定量问卷数据。在定性访谈资料收集过程中，笔者与其他成员分别在广州、深圳、东莞和南昌等地对当地工会部门负责人、劳动关系部门负责人、劳动监察部门负责人进行了访谈，并对50多家企业的人力资源负责人和工会负责人进行了访谈，在企业中还具体访谈了50多位工人代表。在定量问卷数据收集过程中，笔者与其他成员分别向全国各省、直辖市、自治区（除山东省、西藏自治区、中国台湾地区、中国香港特别行政区和中国澳门特别行政区）的2000多个人力资源和社会保障部门发放了问卷，并回收了2238份问卷。

第四，资料分析和书稿撰写工作。本书对访谈资料进行了录音整理，共整理出了20多万字的文字资料；对定量问卷调查数据进行了数据清理和归类整理。在此基础上，笔者形成了定性和定量分析相结合的书稿。

本书的资料收集和数据采集主要分为两部分，一部分为定性资料的收集，另一部分为定量数据资料的采集。

关于定性资料的收集，笔者与课题组其他成员把访谈对象分成了四类，即企业管理层、普通员工和员工代表、工会负责人、政府劳动关系部门负责人。在访谈了50多位调查对象之后，本研究整理出了20多万字的文字资料。我们认为定性资料基本上能满足本书分析的要求，这部分定性资料对本书的论证起到了较好的支撑作用。

关于定量数据资料的采集，本书采用问卷调查的方式采集数据。此次问卷调研范围非常广泛，涉及除山东省、西藏自治区、中国台湾地区、中国香港特别行政区和中国澳门特别行政区之外的全国29个省、直辖市和自治区。问卷调查共收回问卷2238份，其中省级（直辖市、自治区）、地市级问卷295份，县、区级问卷1943份。问卷分为主客观两部分：问卷主观题的设计目的在于了解目前各地劳动行政部门工作人员对当前劳动关系现状的主观判断，以及对劳动关系规制实施效果的主观判断。问卷客观题的设计目的，主要是对各地劳动行政部门工作人员的个人信息进行收集，这部分提供了持有不同主观判断的各地劳动行政部门工作人员具有差异性的个人特质，包括性别、年龄（出生年月）、学历、职位级别、行政级别等变量。通过对这些变量的测量，可以分析影响各地劳动行政部门工作人员态度的因素。

三、研究意义与不足

本书的研究建立在实证研究基础上，并结合了定性和定量的研究方法。本书的研究意义表现为以下三个方面：第一，对学界和社会清晰辨识中国特色和谐劳动关系的基本特征具有较大借鉴意义。研究成果从和谐劳动关系构建的过程、目标、基本理念以及基本工作格局等方面都进行了详细论证，这对认清中国特色和谐劳动关系模式具有一定的帮助。第二，为政府未来制订劳动关系政策提供了借鉴。研究成果对目前政府劳动关系规制的制度建设与实践中的困境，都做了详细论证，这对未来政府劳动关系规制的道路选择和发展方向提供了较好的借鉴。第三，对政府培养劳动行政部门工作人员具有一定的借鉴。研究成果分析了不同层级劳动行政部门负责人主观意识与判断上的差异，并具体分析了产生差异的影响因素，所以对未来各个地区培养相关工作人员以及调整当地劳动关系制度具有较好的借鉴。

我们认为，本书的贡献主要体现在四个方面：

第一，研究视角上的创新。本书研究政府规制并没有局限于制度本身，而是在研究视角上进行了创新。其创新体现在：一是把对政府规制的研究置于构建和谐劳动关系的整体背景下，突破以往就制度本身研究制度的局限，从整体的视角进行研究。二是本书不仅研究了制度，还从制度实践的视角对制度进行了反思，所以在书稿的第三、四、五章主要研究了政府规制在实践中存在的困境。三是本书把政府当成一个行动主体进行了研究，这一研究视角突破了以往把政府当作角色研究的传统。

第二，理论观点上的创新。在理论创新上，本书回答了两个理论问题：其一，中国特色和谐劳动关系的特色是什么？本书总结以往的政策和制度，认为中国特色和谐劳动关系是共建共治共享的稳定劳动关系。其二，政府规制目前存在的困境到底是什么？本书在实证研究的基础上，提出目前最大的困境在于权利救济式法律治理无法解决劳资群体性冲突。在实践层面上，权利救济式法律治理与政治化方式治理群体性冲突难以融合在一起。笔者认为，以上观点对目前劳动关系的研究具有一定的理论价值。

第三，数据资料方面的创新。笔者与其他成员通过人力资源和社会保障部的协助，在政府系统中发放了问卷，问卷调查的对象为全国各省、市、县劳动关系部门和劳动监察部门负责人，共回收了 2238 份问卷。从现有的数据体量来看，这次问卷调查数据是目前国内对劳动关系领域政府部门最为全面的调查，并且所收集的数据也最为丰富。

第四，解决实际问题思路上的创新。本书在实证研究的基础上，提出了相应的解决问题的对策，其中最为重要的解决问题的思路是加强党政对劳动关系的第三方监管力度。从构建和谐劳动关系的过程可以看出，目前构建和谐劳动关系的工作格局是以党政为主导的模式，而目前政府规制存在的最大的困境就在于权利救济式治理方式难以从根本上维护劳动者权益，所以我们认为，在目前集体劳动关系立法还无法跟进的情况下，应加大党政对劳动关系的监督力度。特别是在当前随着共享经济和人工智能的发展，灵活就业的劳动者越来越多的背景下，劳动力市场上劳动者的权益受到了更大的冲击，加强党政对劳动力市场和用工的总体把握，这样才能更好地实现劳动者权益保护，促进和谐劳动关系。

当然，受笔者个人研究水平以及数据不足等局限，本书的不足也很明显，主要表现为三个方面：一是在数据采集方面，有些指标难以进行测量。在研究中，本书主要调查对象为各级政府劳动行政部门的主要负责人，但由于调查范围涉及全国，所以对各个地区的客观指标难以进行测量，并且采集的数据是个体层面上的，从个体数据拟合到集体层面上，有些指标拟合程度不够好。二是调查样本有缺失的情况。按照研究原计划，研究将调查全国所有的省、市、县，但受到地域的限制，有一部分地区并没有发放问卷。在问卷回收时，也出现了部分地区问卷不全的情况。三是由于目前并没有全国性劳资群体性数据，所以本书在这方面的数据也相对缺乏。

在具体研究中，本书尽量通过研究手段来弥补数据采集中出现的不足。有些能够及时改进的，我们在研究中已做了相应改进；有些暂时还无法解决的，还需后续研究进行更为深入的探讨。

四、研究框架

在构建中国特色和谐劳动关系的过程中，党和政府等力量将对劳动关系规范建设以及未来发展起到至关重要的作用。基于这一点的考虑，本书从构建中国特色和谐劳动关系的理念出发，着重研究政府规制以及劳动关系中的政府主体，并在此基础上，对目前构建和谐劳动关系中出现的一些新问题进行阐述和分析。本书分为八章分别进行阐述。

第一章为中国劳动关系研究的发展历程。本章将梳理和分析中国建立社会主义市场经济 40 多年以来，中国劳动关系研究发展的历程。作为中国特色劳动关系研究的基础，这部分将全面回顾中国劳动关系研究从学科初创到学科逐步成熟的整个发展历程。

第二章为构建和谐劳动关系的背景与基本理念。这部分将详细论述和谐劳动关系提出的背景、发展历程、基本理念与工作体制。

第三章为构建和谐劳动关系背景下的政府规制。这部分将论述为实现中国特色和谐劳动关系，政府进行规制的基本内容。本章将分析在个别劳动关系和集体劳动关系两方面，中国特色和谐劳动关系政府规制的具体内容。在此基础上，本书将分析目前政府规制所表现出来的特征以及存在的问题和困境。

第四章为政府规制的体系与治理困境。目前构建中国特色和谐劳动关系仍然在制度和实践方面都存在着很多困境，这部分将结合实际情况，具体分析目前政府规制的体系与治理困境。

第五章为党政主体意识与影响因素研究。在构建中国特色和谐劳动关系的工作体制中，党委领导和政府负责的特色显示出，在构建和谐劳动关系的过程中，党政的力量是主导力量，所以本章的分析对象是党委和政府。我们的初步判断是，党政主体意识的差异将会导致不同地区劳动关系运行状况存在差异，所以本章将重点分析到底有哪些因素影响了党政的主体意识。

第六章为中国工会的作用和力量来源。本章在分析党政主体意识的基础上，重点分析构建中国特色和谐劳动关系中的另一个重要主体——工会的职能以及角色到底是什么。

第七章为集体协商与劳动关系治理。根据西方劳动关系理论，作为构建和谐劳动关系的核心机制之一，集体合同与集体协商制度将会影响整个构建和谐劳动关系的进程，所以本章主要分析集体协商对劳动关系治理的作用。

第八章为未来工作与劳动关系治理。在构建中国特色和谐劳动关系的过程中，随着信息化技术的高速发展，劳动关系出现了一些新问题和新现象，这些将会对构建中国特色和谐劳动关系产生重要的影响。所以，本章主要分析信息技术变革下劳动关系领域中出现的新问题与新现象，探讨新技术对劳动关系的影响。

第一章

中国劳动关系研究的发展历程

中国改革开放40多年以来，随着社会主义市场经济的建立，自由竞争的劳动力市场与市场化的劳动关系逐步形成。[①]自20世纪80年代中期以来，中国劳动关系逐渐从计划经济时期的用工体制转向了市场化和契约化的用工体制，与之相配套的劳动关系制度也逐步走向完善。劳动关系学作为研究市场经济条件下劳方、资方和政府三方关系的新兴学科，在改革开放的40多年中，历经了学科初创、学科成立及趋于成熟的发展历程。本章将在回顾中国劳动关系研究40多年历史的基础上，分别阐述中国劳动关系早期研究与学科起源、市场化劳动关系制度与学科初创、和谐劳动关系构建与多元学科融合等方面的内容。

第一节　中国劳动关系早期研究与学科起源

1920年，威斯康星大学经济系教授约翰·康芒斯（John R. Commons）在该系开设了一门劳动关系学课程。这门课程的开设标志着劳动关系作为一门学科在美国教育体系中诞生（Kaufman，2004）。[②] 康芒斯的课程包含了四个方面的内容：

---

① 常凯．总报告：当代中国劳动关系的特点和趋向．中国劳动关系报告：当代中国劳动关系的特点和趋向．中国劳动社会保障出版社，2009.

② Kaufman，Bruce. The Global Evolution of Industrial Relations：Events，Ideas and the IIRA. Geneva：International Labor Organization，2004.

劳工立法、劳工史与产业政治学、劳动管理、失业原因与救助。从课程内容来看，劳动关系的研究既包含了制度经济学、劳动法学的内容，同时也包含了劳工史、政治学以及管理学的知识，所以从一开始，劳动关系就是多学科交融的产物。自20世纪80年代中期以来，中国的学者们就开始从法学、社会学、经济学和管理学等学科出发研究劳动关系问题，中国劳动关系研究从一开始就体现出了多学科的特点。直到21世纪初期，中国劳动关系学才逐渐形成了多学科交叉的独立学科。本节将分析中国劳动关系学科在过去40多年中创立、发展与趋于成熟的整个过程。

一、中国劳动关系的早期研究

欧美劳动关系的研究起源于学界对当时劳工问题的关注。19世纪中期，随着资本主义和工业化大发展，工人的恶劣工作环境与工作待遇、资本与劳工的阶级对立、工会与罢工的兴起等问题成为当时欧美国家的重要社会问题，同时也引起了欧美学界的关注和研究。[①] 中国的工业化道路与欧美国家存在着较大差异，在计划经济体制时期，已发展了大型重工业，并通过单位制的组织形式形成了国有企业的职工队伍。20世纪80年代中期之后，中国国有企业和城市领域开始实施市场化改革，当时整个社会和学界关注的是如何配合国有企业改革和市场经济建立而实施劳动制度改革。[②] 所以，在改革初期，学

---

① Kaufman, Bruce. The Global Evolution of Industrial Relations: Events, Ideas and the IIRA. Geneva: International Labor Organization, 2004.

② 吴清军，刘宇. 劳动关系市场化与劳工权益保护：中国劳动关系政策的发展路径与策略. 中国人民大学学报，2013 (1).

界关注的劳动关系的重点问题并非劳工问题，而是劳动制度改革问题。这一时期学界的研究主要集中于劳动就业、劳动用工、劳动合同、劳动报酬、社会保险与福利等劳动领域的改革问题。与劳动关系紧密相关的研究，在20世纪80年代到20世纪90年代初，主要集中于两大主题的讨论，即劳动力市场改革与劳动合同制度。

1. 关于劳动力市场改革的讨论

为了打破计划经济体制时期“统包统配”的用工制度，增强企业的用工自主权，从20世纪80年代中期起，中国就开始了劳动力市场的改革。1986年之前，学界基本上没有讨论劳动力市场的话题，从1986年开始，这方面的讨论逐渐增多，其中争论最激烈的问题就是社会主义制度下劳动力的性质是否具有商品属性。要开放和建立劳动力市场，首先要解决的问题即劳动力是否是商品。劳动力市场是进行劳动力交换的场所及其交换关系的总和，作为劳动力市场的供给方来说，他所持有的商品是劳动力，作为需求方来说，他所拥有的商品是货币或实物化的货币，市场的交换关系表现为劳动力商品与货币的交换。但在社会主义国家建立劳动力市场，劳动力是否是商品就成了一个关于社会主义性质与劳动者社会地位的问题。关于这一问题的讨论，基本上形成了三种观点：

第一种观点认为，劳动力不是商品。《中国社会科学》在1986年第2期发表了两篇观点截然相反的文章，在1987年第1期上又刊登了4篇文章来讨论这个问题。王韩康、卢中原（1986）认为，在一个全面开放的、通畅的和协调的市场体系中，劳动力市场是一个不可缺少的重要组成部分，劳动力的价值化和开放劳动力市场，成为社会主义商品市场本身必不可少的前提条件。但是，劳动力的流动采取了价值的形式，这并不等于说在社会主义社会里劳动力也是商品。[①] 他们认为，根据马克思的观点，劳动力商品是资本主义生产关系和经济关系的产物。劳动力成为商品，必须具备三个相互联系的基本经济特征：其一，劳动力的所有者除了自身劳动力以外同其他任何生产要素无关，劳动力的需求方则是物质生产资料的私人占有者；其二，劳动者进入生产过程之后，其劳动力的使用权和支配权即同主体分离而归于购买者；其三，劳动者仅仅获得等于劳动力价值的必要劳动所创造的价值，全部剩余劳动所创造的剩余价值归购买劳动力的人所有。显然，在社会主义公有制的经济关系中，上述三个基本经济特征都是不存在的。依此判断，他们虽然主张要建立开放的社会主义劳动力市场，但是劳动力并非商品。冯丛林（1987）同样认为，只有在生产资料归非劳动者所有的条件下，劳动者才能把自己的劳动力当作商品出卖。如果认为社会主义条件下的劳动力是商品，那就必须否定劳动者的主人翁地位，也无法实行按劳分配。[②] 在同一期上，卫兴华（1987）也认为，劳动力流动不等于说劳动力就是商品，劳动力成为商品，是货币转化为资本、实现剩余价值剥削的前提条件，而不是产品转化为商品、商品经济存在的前提条件。[③]

第二种观点认为，劳动力是商品。何伟、韩志国（1986）认为，社会主义条件下的劳动力仍然具有商品性质，根本原因

---

① 王韩康，卢中原．论我国社会主义计划市场体系及其实现途径．中国社会科学，1986（2）．

② 冯丛林．对劳动力商品论若干论点的质疑．中国社会科学，1987（1）．

③ 卫兴华．社会主义劳动力商品论不能成立．中国社会科学，1987（1）．

在于生产力发展水平的限制。[①] 由于生产力发展的限制，目前社会主义条件下的劳动力实际上仍然是个人所有，因此，社会主义条件下劳动者与生产资料的结合，实际上还是一种交换关系，国家或集体向劳动者支付生活资料的价值——货币工资，劳动者向国家或集体让渡自己劳动力的使用价值——提供劳动，这种关系，实际上就是一种商品的买卖关系。同时他们认为，劳动力的商品性质与社会主义条件下劳动者的主人翁地位并不矛盾，承认劳动力的商品性质也不违背按劳分配原则。江成龙同样认为，[②] 社会主义条件下劳动者与生产资料的间接结合，是劳动力成为商品的根源。只有承认劳动力的商品性质，才能建立真正的劳动力市场，才能实现劳动工资制度的根本变革。贾履让、房汉廷（1987）在《中国社会科学》同一期上发表的论文认为，社会主义条件下存在的劳动力个人所有制和劳动者对生产资料的“一无所有”，是劳动力成为商品的根本原因。劳动力商品的价格不仅决定于价值，而且还决定于使用价值。在劳动力价格形成过程中，价值规律和按劳分配规律在共同作用。[③]

第三种观点认为，社会主义条件下的劳动力具有商品和非商品的二重属性。信长星（1986）认为，社会主义条件下的劳动力是“准商品”的概念，劳动力从本质上看不是商品，但是，发展社会主义的商品生产，开放劳动力市场，又使劳动

---

① 何伟，韩志国．试论我国社会主义市场的全方位开放．中国社会科学，1986（2）．

② 江成龙．社会主义经济中存在劳动力成为商品的条件．中国社会科学，1987（1）．

③ 贾履让，房汉廷．承认劳动力的商品属性是开放劳动力市场的理论前提．中国社会科学，1987（1）．

力具有商品的性质，就是说，在客观上又具有商品的外在形式，因此可称之为“准商品”。[①] 他认为，正如土地不是商品，但在发达的商品经济条件下土地也必然进入市场，并从此罩上商品的外形，成为一种“准商品”一样。王珏、肖欣（1986）也认为，社会主义经济中的劳动者具有二重性，一方面，他作为社会主义生产关系的主体，是生产资料的主人，从这个根本关系上看，劳动者的劳动力已不再是商品；但另一方面，劳动者还是生产力诸多要素中的主观要素或第一要素。[②] 在商品经济条件下，生产力诸客观要素都是商品，它们的组合和再组合都是通过商品交换关系来实现的。因此，劳动者的劳动力作为生产力的主观要素，要同客观要素组合起来，成为现实生产力，它也必须价值化并采取商品的形式才能实现。

以劳动力的性质为争论主题，学界在 20 世纪 80 年代中后期对劳动力资源配置、劳动者在生产关系和社会中的地位、收入分配、劳动力市场的培育等问题展开了激烈的争论。[③] 这些讨论的观点虽针锋相对，但是所有观点都承认一个前提，即社会主义市场经济的建立需要建立开放的劳动力市场。所以，到 20 世纪 90 年代初，随着社会主义市场经济的逐步建立，关于劳动力性质的争论也逐渐平息。1994 年之后，学界关于此话题的讨论就很少了。不过，虽然争论少了，但是这场争论对整个社会主义市场经济中开放、自由流动的劳动力

---

① 信长星．劳动力准商品与开放劳动力市场．经济学周报，1986（6）．

② 王珏，肖欣．试论劳动资源市场．光明日报，1986. 7. 12.

③ 罗兴，江刘伍．关于劳动力性质问题讨论观点综述．学术界，1987（1）；郭飞．社会主义公有制经济中劳动力性质讨论综述．中国工业经济研究，1994（8）．

市场的建立，在理论上进行了充分的讨论，对实践的发展起到了非常关键的作用。这场争论当时涉及了法学、经济学、政治学、社会学等所有的社会科学，为日后劳动关系学科的建立打下了坚实的理论基础。因为没有劳动力是商品的观点，劳动力个人所有的问题也无从谈起，更无从思考和分析劳动者的个体权益保护问题。只有承认了劳动力的商品属性，才有了对市场经济条件下劳动者个体和集体权益保护问题的讨论。

2. 关于劳动立法与劳动合同制度的讨论

1983年7月，中国劳动法学会正式成立。在学会第一次学术研讨会上，与会代表认为，劳动法是一个独立的法律部门，劳动法具有自己独立的调整对象。它调整社会关系中特定的一个部分，这就是劳动关系以及与劳动关系紧密联系的某些其他关系。[①] 中国劳动法学会的成立，正式启动了中国劳动立法和劳动用工制度改革的历程。与欧美国家劳动立法背景不一样的是，中国劳动立法是与当时社会主义市场经济改革结合起来研究的，其主要目的在于推动劳动力市场的建立和改革“统包统筹”的固定工用工制度。自此之后一直到1994年《劳动法》颁布，法学界对劳动法的基本原则和适用范围、劳动合同制度、劳动争议处理等问题进行了长达十余年的研究。

在1983年至1993年的10年间，中国劳动立法和法制建设取得了巨大进步。从1983年到1986年，劳动立法初步发展，随着工资制度改革的进行，制定了许多工资方面的法律规范，同时在劳动安全卫生立法、就业立法、职业培训立法等方面有所发展。1986年之后，劳动立法得到了进一步发展，这

---

① 黄士林．中国第一次劳动法学术研讨会在皖召开．中国劳动，1983（11）．

一阶段建立的劳动合同法律制度、企业招工法律制度、待业保险法律制度、辞退法律制度、劳动争议法律制度、女职工劳动保护法律制度等，构成了我国现行劳动立法的核心内容，[①] 为劳动立法的健全和完善奠定了基础。[②]

劳动法学界围绕当时的立法议题和法制建设展开了广泛的研究和讨论，李景森和王乃荣（1987；1988）把劳动法学界这十年间主要争议的议题概括为以下七个方面：第一，关于劳动的法律地位问题。一种意见认为，劳动法从属于经济法，是经济法的一个组成部分；另一种意见认为，劳动法是一个独立的法律部门，而不应是经济法的组成部分。第二，关于制定《劳动法》的必要性和可能性问题。一种意见认为，当时制定《劳动法》的时机不成熟，条件不具备，因而也是不必要的；另一种意见认为，当时制定《劳动法》不仅有必要，而且也有现实的可能性。第三，关于《劳动法》的适用范围问题。第一种意见认为，我国《劳动法》的适用范围应只限于职工与所属单位之间的劳动关系；第二种意见认为，我国《劳动法》应该适用于我国的一切劳动者，农村集体所有制单位与其成员之间的劳动关系也应包括在内；第三种意见认为，我国《劳动法》的总则部分应适用于全体劳动者，而分则部分只适用于职工与所属单位之间的劳动关系。[③] 第四，关于厂长负责制与职工民主管理的关系问题。第五，关于劳动合同的问题。关于劳动合同问题的争论较多，一是关于劳动合同的概念问题，有观点认为，不论有没有规定工作期限的正式固定工，或者是

---

① 张再平．当前我国劳动立法及其展望．中国法学，1989（3）．

② 史探径．劳动法与经济体制改革．法学研究，1988（5）．

③ 李景森，王乃荣．劳动法学争论问题综述．法律学习与研究，1987（5）．

规定有一定工作期限的临时工和亦工亦农轮换工，他们与单位之间都存在着劳动合同关系，过去只把临时工和亦工亦农轮换工称为合同工是不全面的。二是关于实行劳动合同制的问题，一种意见认为，职工与单位形成劳动合同关系，那么职工与国家之间形成类似的雇佣关系，职工成为国家的雇工，这是不合理的，会影响职工在企业中的主人翁地位；另一种意见认为，应用“职工公约”代替合同中的条款，同样可起契约作用，但性质完全不同。公约是职工集体意志的体现，是职工民主决定的，体现了集体利益，但合同仅是个人服从集体的体现。还有一种意见认为，应实行正式工、合同工、临时工相结合的劳动制度，以加强职工群众的主人翁责任感。第六，关于个人是否应缴纳社会保险费的问题。一种意见认为，劳动者个人不应缴纳社会保险费；另一种意见认为，由劳动者个人缴纳少量的社会保险费，是符合社会保险的性质和我国国情的。第七，关于劳动争议处理程序的问题。具体争议体现在具体程序和机构设置等问题上。[①]

在当时的劳动法学研究中，学界在推动国有企业全员劳动合同方面做了大量的理论和政策研究，为制定和实施 1986 年的《国营企业实行劳动合同制暂行规定》做出了非常大的贡献。史探径（1987）对劳动合同的概念和性质做了理论上的解释。他认为，劳动合同即劳动契约，但是我国的劳动合同与资本主义制度下的劳动契约相比较，从它们各自反映的劳动关系实质来说，二者毫无共同之处，不能相提并论。但从法律规范的表现形式来说，对我国劳动合同概念的表述仍可借鉴其他

---

① 李景森，王乃荣．劳动法学争论问题综述（续）．法律学习与研究，1988（1）．

国家的规定。他认为，劳动合同是指被录用的职工以参加劳动并取得报酬为目的，与录用单位之间订立的关于双方权利和义务的合同。这个定义表明了劳动合同的性质，即劳动合同的双方当事人之间存在着从属关系。同时，劳动者一方要参加劳动，另一方则要支付报酬。[①] 王乃荣、李景森（1988）对劳动合同的概念和适用范围做了更接近法律规范的解释，他们认为，所谓劳动合同，是指劳动者与用人单位订立的关于参加用人单位劳动的协议。广义上是指用人单位与劳动者之间用订立劳动合同的形式来确定双方劳动关系的建立以及变更、终止和解除的制度。对于劳动合同制的适用范围，他们认为，实行劳动合同制就是要改革现行的以固定工为主体的用工制度模式，逐步达到最终全面实行劳动合同制。但是，目前仍然需要实行“新人新制度，老人老制度”的过渡办法，首先在新招工人中实行劳动合同制，原有的固定工仍然维持现行制度不变。[②]

学界关于劳动合同的概念界定、性质和适用范围的讨论，虽存在着较多争议，但总体上与上述学者的观点相类似。[③] 劳动合同制作为经济体制改革的配套政策，当时研究的起点和目标都在于打破传统的以“统包统配”为主的固定工用工制度，扩大企业的用工自主权，建立灵活、开放的劳动力市场。法学界关于劳动合同与劳动合同制的研究，为后来劳动关系的研究

---

① 史探径．论劳动合同和劳动合同制．法学研究，1987（4）．

② 王乃荣，李景森．劳动合同制的概念及其适用范围．法律学习与研究，1988（3）．

③ 龚建礼．试论劳动合同的性质及其主体的法律地位．中国劳动科学，1986（6）；夏积智．实行劳动合同制是中国劳动制度改革的必由之路．中国劳动科学，1992（1）；董保华．推行全员劳动合同制的若干思考．中国劳动科学，1992（11）．

奠定了坚实的基础。

二、劳动关系研究的起源

直到20世纪90年代中期，国内劳动关系研究仍未形成一个独立的研究领域，更没有形成一个独立的学科。但是随着劳动制度的改革和劳动力市场的逐步建立，在20世纪90年代初期已经有些学者拓展传统的研究主题，以劳动关系为核心主题开展研究。这一时期的研究主要是对两方面研究主题的拓展。

1. 从工会研究主题延伸到市场经济下的劳动关系研究

自改革开放以来，工会研究的核心主题主要集中在工运研究、工会性质、工会职能与工会具体实务工作研究。[①] 但随着市场经济的发展，工会研究学者也开始注意到市场经济下劳动关系的变化。按照桉苗（1993）的论述，随着计划经济体制向市场经济体制转变，劳动关系正在发生许多重要的变化。一是劳动关系属性企业化，二是调控手段契约化，三是劳动关系主体明确化，四是劳动力资源配置市场化，五是劳动关系类型多元化，六是劳动关系各方利益矛盾公开化。[②] 所以作者认为，劳动关系的新变化对工会的影响是重大的、深刻的，它应当成为工会活动的一个重要出发点。过去我们对这种变化的注意和研究不够，使工会参与的力度和水平都受到一定的局限，今后应当加强这方面的研究工作。但同时作者也指出，不能把工会的一切问题归结为劳动关系，把劳动关系作为研究工会问

---

① 桉苗．当前工会理论研究和教学的几个问题．工会理论与实践（中国工运学院学报），1993（6）.

② 桉苗．当前工会理论研究和教学的几个问题．工会理论与实践（中国工运学院学报），1993（6）.

题的核心和主线，因为劳动关系不可能包括全部经济关系，更不能代替政治关系。[①] 尽管这种观点占据了整个工会研究的主流，但是也有一些学者把传统的工会研究扩展到了劳动关系研究，并以劳动关系为核心主题发表了一些论文和著作。

常凯在 1993 年的文章《劳动关系与工会论纲》中，对劳动关系与工会之间的关系做了 15 点论述。[②] 在文章中，他认为：社会主义计划经济向市场经济转变所引起的劳动关系的变化，是考虑和研究中国工会运动转变的直接依据和基本出发点，并且认为存在工会是由于社会经济矛盾的存在，而社会经济矛盾是通过劳动关系最直接、最具体体现出来的。在此他给劳动关系做了界定，认为劳动关系是指生产关系中直接与劳动有关的那一部分社会关系，具体来说，是实现劳动的过程中劳动者与劳动力使用者之间所形成的社会关系。劳动关系的意义在于解决劳动者如何与生产资料相结合的问题。同时他认为，劳动关系的性质与特点主要是由生产资料所有制的性质决定的。尽管在文章中作者未对劳动关系展开更为充分的论述，但是文章对劳动关系的概念、性质、特点以及与工会的关系做了最为基础的理论铺垫。常凯 1993 年在《工会理论与实践》（中国工运学院学报）上发表了另一篇文章《试析社会主义市场经济下的劳动关系与工会》，[③] 在文章中他对社会主义市场经济下的劳动关系类型做了具体的分类，同时对市场经济条件

---

① 桉苗．当前工会理论研究和教学的几个问题．工会理论与实践（中国工运学院学报），1993（6）．

② 常凯．劳动关系与工会论纲．工会理论与实践（中国工运学院学报），1993（3）．

③ 常凯．试析社会主义市场经济下的劳动关系与工会．工会理论与实践（中国工运学院学报），1993（1）．

下劳动关系的新变化做了具体分析。他认为新变化表现为三个方面：首先，劳动关系的性质将由同志式的互助合作关系转变为以利益调节为主的合作关系；其次，劳动关系的处理手段将由以行政控制为主转变为以经济契约调节为主；最后，劳动关系双方的利益分化和利益差别将会加强和扩大。

1993 年左右，还有一些代表性的文章，比如，林春森（1993）的文章《试析社会主义市场经济的劳动关系——兼谈工会协调劳动关系的思路》[①]，李永海（1993）的文章《论劳动关系与工会作用》[②]，崔生祥（1993）的文章《社会主义市场经济条件下劳动关系的共性与个性——兼论工会在协调劳动关系中的作用》[③]，等等。从这些文章的发表可以看出，在 20 世纪 90年代初期，工会学界已有一部分学者把研究视角和研究主题从传统工运研究拓展到有关劳动关系主题的研究。

2. 从劳动立法的研究主题延伸到劳动关系的研究

随着劳动制度的改革和劳动法制建设的进步，我国劳动立法研究在 20 世纪 80 年代取得了较多的研究成果。在 20 世纪 90 年代初期，已有一些劳动法学者开始拓展传统的劳动法研究，把研究主题延伸到整个劳动关系的研究中。董保华 1990 年在《中国劳动科学》上撰写了《试论我国劳动立法思路的转变》。他在文章中分析了市场经济条件下劳动关系与计划经济条件下劳动行政关系的区别，尽管在文章中他未给劳动关系

---

① 林春森．试析社会主义市场经济的劳动关系——兼谈工会协调劳动关系的思路．工会理论与实践（中国工运学院学报），1993（12）．

② 李永海．论劳动关系与工会作用．工会理论与实践（中国工运学院学报），1993（1）．

③ 崔生祥．社会主义市场经济条件下劳动关系的共性与个性——兼论工会在协调劳动关系中的作用．工会理论与实践（中国工运学院学报），1993（3）．

做出界定，但是他具体指出了市场经济条件下劳动关系的性质和特征。[①] 他认为，计划经济时期，企业和职工之间的劳动关系并没有独立内容，只是一种依附于行政关系的社会关系，劳动法律关系只注重体现国家意志，不足以体现双方当事人的意志。通过劳动制度改革，劳动者作为劳动力的提供者，企业作为劳动力的使用者，双方当事人通过选择和协商结合起来。从市场资料方面看，是允许多种经济成分的存在，并对国营企业实现所有权和经营权的分离，使企业的经营管理者逐步掌握用人权；从劳动者方面看，是承认劳动者的择业自由，有计划地开放劳务市场，允许一定范围的待业，等等，实际上是逐步承认了劳动者对本人劳动力的所有权。这些措施强化了劳动关系和劳动行政关系的区别，使劳动关系不再是一种简单的依附于行政关系的社会关系。在具体分析劳动关系性质的基础上，他最后提出，探讨我国当前社会劳动关系的变化以及由此决定的我国劳动立法思路的转变，对于完善我国的劳动法具有积极的意义。[②]

董保华在另外一篇文章《劳动制度改革的法学探索》中，更是详细地对劳动关系的属性展开了讨论。[③] 他认为市场经济条件下的劳动关系具有新的特征：其一，劳动关系兼有财产关系和人身关系的属性；其二，劳动关系兼有平等关系和隶属关系的特征。随着改革的深入，呈现在我们面前的劳动关系正是人身和财产属性统一、协商和管理特征交织而产生的一种社会

① 董保华．试论我国劳动立法思路的转变．中国劳动科学，1990（9）．

② 董保华．试论我国劳动立法思路的转变．中国劳动科学，1990（9）．

③ 董保华．劳动制度改革的法学探索．中国法学，1992（5）．

关系。[①] 除这篇文章之外，董保华还在《劳动制度改革与政府职能的转变》一文中，对劳动关系中政府的职能做了具体研究和分析。[②] 另外，仇京荣发表的《论我国现阶段劳动关系法律调整的特点》一文，也对当时市场经济条件下劳动关系的渐进性、多元性和趋同性三个特征进行了详细的分析。[③] 当然，在此阶段，还有一些劳动法学者结合当时的经济体制改革，延伸了劳动法的研究主题，对当时劳动关系的性质、特征、属性以及作用等都做了有益的探讨。

到 1994 年《劳动法》颁布之前，虽然此时劳动关系还没有形成独立的研究领域，但是这一时期学界已从工会、劳动立法、劳动制度改革等研究主题逐步向劳动关系研究延伸，这为 20 世纪 90 年代中期之后形成劳动关系的独立研究领域奠定了坚实的基础。

第二节　市场化劳动关系制度与学科初创

自 20 世纪 90 年代初开始，随着现代企业制度的改革，中国社会主义市场经济实现了突破性发展。与此同时，劳动制度改革也取得了巨大的突破，1994 年《劳动法》的颁布和实施成为劳动制度改革成就的标识。在 20 世纪 90 年代到 21 世纪初这 10 余年时间中，随着市场经济和劳动制度改革的推进，我国劳动关系的市场化改革也得到了巨大的发展。劳动关系研究在这 10 余年时间中得到了历史性突破，学界已有许多学者

---

① 董保华．劳动制度改革的法学探索．中国法学，1992（5）．

② 董保华．劳动制度改革与政府职能的转变．法学，1992（9）．

③ 仇京荣．论我国现阶段劳动关系法律调整的特点．法学，1993（1）．

开始把市场经济下的劳动关系作为研究主题，并且研究的学科也不仅限于劳动法学和工会研究，而是形成了多学科、多视角共同研究的领域。这一时期的劳动关系研究呈现出以下三个方面的特征：第一，在研究主题上，市场经济下的劳动关系已成为一个独立的研究主题。这一时期的劳动关系研究已不再把劳动制度和劳动关系政策仅看成市场经济改革的配套制度和政策，在研究主题上已开始关注劳动者的权益。第二，在研究视角上，劳动关系研究不再局限于劳动法和工会研究，在学科上已向社会学、管理学等学科延伸，形成了一个多学科交叉的研究领域。第三，在研究的具体问题上，这一时期的劳动关系研究大多数仍偏向于实务，而制度研究和理论研究较为缺乏，所以大部分发表研究成果的期刊层级并不是很高。综合以上来看，这一时期的研究已形成了多学科交叉的研究领域，但仍未形成成熟的学科。这一时期的核心研究主题主要包括以下内容。

一、劳动者权益研究

20 世纪 90 年代，随着市场经济的发展和国有企业改革，劳动者中出现了两类新型群体，即农民工群体和下岗失业工人群体，学界从经济学、社会学、政治学以及公共管理等多学科角度对这两大群体进行了大量的研究。对于农民工群体，学界集中研究了农村劳动力的转移、“民工潮”形成的原因与机制、农民工社会地位、农民工社会融入、农民工思想意识、农民工社会保障、农民工家庭以及城市流动人口治理等主题;[①] 对于下岗失业工人群体，学界集中研究了失业的原因、下岗失业工人生活与家庭现状、下岗失业人员的再就业、城市社会保障制度、下岗失业与社会稳定等主题。[②] 对于劳动力市场中出现的这两类劳动者群体，一批专注劳动关系研究的学者并没有像经济学、社会学、政治学等学科那样去研究具体的经验问题，而是以建立统一劳动力市场为基础，从劳动法的角度研究了市场经济下劳动者的基本权益问题。从这 10 余年的研究成果来看，这一时期的研究主要体现在以下两个方面。

1. 劳权与劳动权的研究

1995 年，由常凯主编的《劳动关系 · 劳动者 · 劳权——当代中国的劳动问题》一书出版。这本书被誉为“是当前劳动领域最全面、最系统、最深入的研究成果，也是我国社会经

① 朱泽．“民工潮”问题的现状、成因与对策．中国农村经济，1993（12）；韩俊，李静．“民工潮”：中国跨世纪的课题．中国农村经济，1994（5）；宋林飞．“民工潮”的形成、趋势与对策．中国社会科学，1995（4）；刘世定等．政府对外来农民工的管理．管理世界，1995（6）；商俊峰．加强流动人口的宏观调控 充分发挥流动人口在城市化中的作用．中国人口科学，1996（4）；周其仁．机会与能力——中国农村劳动力的就业和流动．管理世界，1997（5）；李强．中国城市农民工劳动力市场研究．学海，2001（1）；李强，唐壮．城市农民工与城市中的非正规就业．社会学研究，2002（6）．

② 中共中央党校课题组．国有企业职工下岗分流和再就业问题研究．中共中央党校学报，1998（4）；国务院发展研究中心社会保障制度改革研究课题组．中国城镇失业保障制度改革的回顾与前瞻．管理世界，2001（1）；王绍光等．经济繁荣背后的社会不稳定．战略与管理，2002（3）；李实．中国城市中的三种贫困类型．经济研究，2002（10）；王延中．中国积极劳动政策的实践．管理世界，2003（3）；李培林，张翼．走出生活逆境的阴影：失业下岗职工再就业中的“人力资本失灵”研究．中国社会科学，2003（5）；张车伟，吴要武．城镇就业、失业和劳动参与：现状、问题和对策．中国人口科学，2003（6）．

济变革中最新的研究成果”①，并被认为“是一本高水平的开创性的学术著作，它填补了我国学术领域的一个空白，为今后劳动问题的进一步研究提供了良好的基础”②。常凯主编的这本书以研究劳动问题为出发点，研究了当时的劳动关系和劳动者主体以及劳动者权益。所以，这本书不仅把劳动关系作为一个独立的研究主题进行研究，而且转变了研究劳动关系的传统视角，即从研究劳动制度改革转为研究劳动者主体与劳动者权益。常凯在第一章导论中认为：“本书所研究的课题，即以中国的劳动问题为专门研究对象所做的一次学术尝试。本书将劳动关系、劳动者、劳权看成构成中国劳动问题的三个依次递进的基本层次和相互关联的基本内容。其中劳动关系为基础，劳动者为主体，劳权为核心。”③ 之所以要把劳权作为研究和解决劳动问题的核心，常凯认为，“劳动问题的核心是如何实现劳权保障，这是中国在向市场经济过渡中必须要正视和解决的一个历史性的社会任务”，一个新的社会群体正在中国崛起，即中国的劳动者阶层，而这一阶层在向市场经济的过渡中并未有效地与生产资料相结合，从而形成了失业、低工资、缺乏劳动安全、社会保障不足等劳动问题。所以，劳动问题的解决需要建立和实行具有中国特色的产业关系协调制度，以确保劳权

---

① 贾俊玲．当代劳动关系基础理论的新发展——祝《劳动关系·劳动者·劳权——当代中国的劳动问题》一书的出版．工会理论与实践（中国工运学院学报），1996（5）．

② 赵履宽．一部高水平的劳动问题专著——评《劳动关系·劳动者·劳权——当代中国的劳动问题》．工会理论与实践（中国工运学院学报），1996（4）．

③ 常凯．劳动关系·劳动者·劳权——当代中国的劳动问题．中国劳动出版社，1995．

的实现。[1]

常凯（2001）在《劳权本位：劳动法律体系构建的基点和核心》一文中对劳权的概念、劳权在劳动法律体系中的作用与地位做了更明确的说明。他认为："劳动法律体系的构建，应以劳权本位作为理论出发点，应以劳权的实现和保障为其基点和核心。本文所提出的劳权概念，是指法律规定或认可的劳动者在履行劳动义务的同时所应享有的与劳动有关的权益。劳权即劳工权益，应是劳动法律的基本范畴和劳动立法起始概念。"[2] 并且，他认为劳权并不简单等同于劳动权利或劳动权。劳动权，亦称劳动权利，即指具有劳动能力的公民所享有的获得劳动就业机会并按劳动的数量和质量取得报酬的权利。但是，劳权是指现代产业关系中劳动者的全部权利，劳权以劳动权利为基础内容，但同时包括了更为宽泛的经济和政治等社会权利。劳权保障既是劳动立法的出发点，又是劳动立法的归宿。[3] 姜颖（2003）在认同劳权的基础上，认为自 1994 年以来，我国陆续颁布制定了以《劳动法》为核心的一系列劳动法律法规，这些法律的制定和实施对于维护劳动者权益、建立协调稳定的劳动关系发挥了重要的作用，但是劳动立法仍然存在着一些有待完善的问题，例如，劳动立法还没有形成一个较完善的劳动法律体系；劳动立法所覆盖的劳动者范围还比较窄；劳动立法中突出保护劳动者权益之处还需要加强；劳动

---

① 常凯．劳动关系·劳动者·劳权——当代中国的劳动问题．中国劳动出版社，1995.

② 常凯．劳权本位：劳动法律体系构建的基点和核心．工会理论与实践（中国工运学院学报），2001（6）.

③ 常凯．劳权本位：劳动法律体系构建的基点和核心．工会理论与实践（中国工运学院学报），2001（6）.

争议处理制度明显滞后等问题，下一步劳动立法应与时俱进，适时做出调整和完善，以维护劳动者合法权益，适应社会和经济发展的要求。①

另外，有些劳动法学者对市场经济条件下的劳动权也做出了进一步阐述。林嘉（1999）从人权的角度对劳动权进行了阐释，她认为，劳动权是有劳动能力的公民有获得有报酬的工作并得到相应保障措施的权利。劳动权与人权有着密切的联系，是人权的重要内容之一，在人权中又具体表现为生存权。1994 年我国颁布和实施的《劳动法》是一部权利保障法，是保障公民实现劳动权的基本法律，也是保障公民生存权的重要法律，它将我国《宪法》中规定的公民劳动权具体化，并就劳动权的实现规定了各种保障措施。② 沈同仙（1997）则从我国劳动权的形成过程来理解其内涵，她在文章中认为：我国从计划经济向市场经济过渡，其中劳动权也随着市场经济的改革而逐步形成了。劳动权的本质属性为生存权，其权利主体为有劳动能力的公民。如果公民通过国家统包统配直接赋予其劳动岗位的方式实现劳动权，那么既不符合法律对权利保护所要求的公平原则，也不符合社会对权利行使所要求的效率原则，因此，我国公民享有劳动权，并不意味着公民有坐等国家赋予其就业岗位的平等就业权和自主择业权。③ 冯彦君（2003）从理论层面对劳动权的基本概念、内容结构和法律保障做了更为深入的分析。他认为，劳

① 姜颖．我国劳动立法与劳动者权益保障．工会理论与实践（中国工运学院学报），2003（3）．

② 林嘉．劳动法与现代人权观念．法学家，1999（6）．

③ 沈同仙．劳动权探析．法学，1997（8）．

动权是人权的重要组成部分，因其具有生存权与发展权的属性而备受关注。作为一种标志劳动者人格独立、蕴含劳动者利益的人权类型，劳动权诞生于职业劳动得以社会化、普遍化、契约化的资本主义时期。从劳权诞生时起，劳动权的发展和法律保护就成为人权事业发展与人权法律保障的题中应有之义。①

2. 全球经济一体化下劳动者权益研究

2001 年底，中国正式加入世界贸易组织（WTO），这也意味着中国市场经济步入了全球一体化的进程，中国的生产和制造加入了全球化的供应链中。全球经济一体化对中国的劳动关系产生了巨大的影响，而如何保护全球供应链中的劳动者权益，则成为当时劳动关系的一个核心议题。常凯在 2002—2004 年间连续发表了几篇有关经济全球化、国际劳工标准与劳动者权益保护的文章。常凯在《WTO、劳工标准与劳动者权益保障》一文中指出，在经济全球化背景下，世界各国劳资关系力量对比处于一种极端不平衡的状态中。中国加入 WTO，必须考虑到经济全球化对中国劳工问题和劳资关系的影响。中国为适应加入 WTO 后的新形势，需要以国际劳工公约中的核心劳工标准为依据，根据中国的法律原则和国情特点，完善和健全中国的劳动立法，以促进经济社会同步发展。在文章中，他主要结合国际核心劳工标准具体分析了当时国内劳动立法与劳动者权益保障的具体情况。② 常凯在《中国入世与劳权保障》一文中结合国际劳工标准对中国劳权发展的影

---

① 冯彦君．劳动权论略．社会科学战线，2003（1）．

② 常凯．WTO、劳工标准与劳动者权益保障．中国社会科学，2002（1）．

响做了具体分析。在文章中他提出，要保障劳动者的权益，必须要形成一种劳权保障的法律机制，明确劳权关系各方的责任和义务，首先，保障劳动者权益的实现是政府的职责；其次，保障劳动者权益也是企业基本的法律义务；再次，保障劳动者权益也是工会的义务。[①] 在《经济全球化与劳动者权益保护》一文中，常凯结合国际劳工组织提出的体面劳动来分析中国劳动者的权益保障问题。他提出，我国在劳动法律和劳动政策中已经初步构建了劳工权利保护和劳工标准的基本框架。体面劳动所提出的目标、原则和要求，与我国劳动法律的目标、原则和要求是基本一致的。在我国实施体面劳动，即要以国际劳工标准和体面劳动的内容要求为参照，完善我国的劳动法律体系，并在改革过程中严格遵守和落实劳工保护的各项规定。[②]

冯同庆（2002）在《加入 WTO 对我国劳动关系的影响》一文中提出，加入 WTO 将对我国劳动关系产生重大影响，劳动关系问题在范围上会延伸为贸易关系问题和国家关系问题，在性质上会演化为社会问题和政治问题，在协调机制上更需要与国际惯例衔接。要解决这些问题，关键在于实现中国劳动力低成本与执行国际劳工标准的平衡。[③] 林燕玲（2003）从当前中国劳动者队伍内部结构分化的角度具体分析了国际劳工标准对不同利益群体的影响。[④] 周长征（2004）则以国际核心劳工标准为参照，对我国当前的劳动法律体系和劳动立法进行了全

① 常凯．中国入世与劳权保障．中国党政干部论坛，2003（6）．

② 常凯．经济全球化与劳动者权益保护．人民论坛，2003（5）．

③ 冯同庆．加入 WTO 对我国劳动关系的影响．工会理论与实践（中国工运学院学报），2002（4）．

④ 林燕玲．加入 WTO 背景下的中国职工状况．中国党政干部论坛，2003（6）．

面的评估和比较分析。① 这些研究对于全球经济一体化背景下中国劳动者权益的保护以及劳动立法的未来发展提供了很好的借鉴。

二、市场经济中工会理论、工会职能与地位研究

1992年，第七届全国人民代表大会第五次会议通过了《工会法》。《工会法》明确了市场经济条件下中国工会“维护”“建设”“参与”“教育”四项职能，并确定了维护职工合法权益是工会的基本职责。《工会法》的颁布和实施，也意味着在中国社会主义市场经济条件下，传统工会学说在理论和实践的阐述上都要进行调整和发展。在这一时期，以工会研究者为主体的一大批学者对工会理论、工会职能与地位做了非常多的论述。尽管大部分研究仍然停留于现象描述或是实务工作的分析，但也有不少研究在理论深度上得到了非常大的发展。下面分别从工会理论研究、工会职能与地位研究两个方面进行综述。

1. 工会理论研究

如何构建社会主义市场经济下的工会理论体系，这是当时工会研究者们首先要面对的议题。孙中范在《关于建构有中国特色社会主义工会理论体系的几点思考》一文中就认为，在由计划经济体制向市场经济体制全面转换过程中，我国的工会运动实践不断向前发展，工会理论研究也日趋深入，工会理论的原有框架已不能完全容纳工会理论的新成果，因此迫切需

① 周长征．我国劳动立法与基本国际劳工标准的比较．中国劳动，2004（5）．

要建构有中国特色社会主义工会理论的科学体系。① 冯同庆也分析了工会的理论框架问题，在《向市场经济过渡条件下工会理论研究的若干问题》一文中，他认为研究工会理论，应包括如下理论：劳动关系、产权关系变动中的劳动者权益补偿理论；社会转型中的职工队伍社会分化与整合理论；工会协调社会关系以全面实现劳动者权益的理论；工会实现劳动者权益的体制创新理论；工会实现劳动者权益的自身体制更新和主体更新理论。② 孙中范、桉苗在《有中国特色社会主义工会理论框架研究论纲》一文中明确提出了中国特色社会主义工会的理论框架。他们认为，职工群众及作为其代表者的工会组织，是工会运动的主体，工人阶级理论和工会性质的理论，是工会理论的主体，占有基础和核心的地位；研究工会的基本任务和社会职能，是贯穿工会理论的主线，居于重要的地位；研究工会在国家经济政治体制中的地位以及与党和政府的互动关系，是工会理论的环境论。③

工会研究者在推动建立中国特色社会主义工会理论上做了大量的研究工作，并且也结合市场经济体制改革，对工会的性质、职能、地位以及与党和国家的关系做了较为充分的论证。除了工会研究者之外，社会学的一些学者跳出传统马克思主义和列宁工会学说的范式，对中国工会从理论上做了一些有益的尝试性探讨。张静在《"法团主义"模式下的工会角色》一文

---

① 孙中范．关于建构有中国特色社会主义工会理论体系的几点思考．工会理论与实践（中国工运学院学报），1994（6）．

② 冯同庆．向市场经济过渡条件下工会理论研究的若干问题．工会理论与实践（中国工运学院学报），1995（6）．

③ 孙中范，桉苗．有中国特色社会主义工会理论框架研究论纲．工会理论与实践（中国工运学院学报），1996（5）．

中虽然未用法团主义理念和理论来分析中国工会，但是通过介绍法团主义的基本思想，分析了市场经济中工会应该扮演的角色和履行的职能。张静认为，工会在法团主义思想体系中被赋予了双重政治角色，既代表其集团群体利益，又负有超越团体之外的公共责任。国家需要保证他们参与咨询和决策的合法地位，同时又确保工会的代表身份具有垄断性，即对同样身份代表组织的数量（或称代表的渠道）做出限制，避免在同一职业中出现多个互不承认的代表性组织，出现代表地位的竞争。尽管作者未直接分析中国工会，但为从理论上分析中国工会的地位及与国家的关系提供了一定的理论借鉴。[①] 陈佩华发表的《中国、组合主义及东亚模式》一文，则借用组合主义的概念和分析框架直接分析了中国工会、政党、政府以及其他非工会组织之间的竞争与合作关系。[②] 这一研究也为研究中国工会问题提供了一种理论选择。

2. 工会职能与地位研究

随着市场经济和劳动关系市场化的发展，关于工会的职能、工会在市场经济中的地位以及在劳动关系调节中的作用，也是当时学界集中关注的研究主题。常凯在《论社会主义市场经济条件下工会的地位》一文中认为，工会在社会经济和劳动关系中的地位，主要由其作为劳权代表体现出来，具体而言，工会在劳动关系中的地位，主要是通过作为集体劳权的代表来签订集体合同实现的。当然，在我国向市场经济过渡的时期，工会的地位还包括工会的社会政治地位，这主要体现为工

① 张静．“法团主义”模式下的工会角色．工会理论与实践（中国工运学院学报），2001（1）．

② 陈佩华．中国、组合主义及东亚模式．战略与惯例，2001（1）．

会在国家政治体制和政治生活中的权利和作用。并且，工会的政治地位是工会的经济地位的反映，工会的经济地位是工会的政治地位的基础。[①] 常凯和吴亚平在《工会：集体劳权的代表——向市场经济过渡中工会的社会定位问题初探》一文中更加明确了工会的社会地位问题，他们认为向市场经济过渡中工会运动的历史性转变，对于工会最主要的要求即必须真正成为劳动者的代表，成为劳动者集体劳权的代表，维护劳动者的合法权益，以完成协调劳动关系的社会任务。[②] 他们有关工会作为集体劳权代表的定位，基本上得到了学界的认同。

对于工会的职能，许多工会研究者根据《工会法》赋予工会的四项基本职能展开了论证和解读。全总法律部“工会法制化建设”课题组在《坚持依法维权，建立协调有效的工作机制》一文中认为，要实行依法维权、依法治会，推进工会工作的法制化建设，关键和核心的问题是必须建立协调劳动关系、维护职工和工会权益的有效运行机制。运行机制则包括了市场化条件下工会在民主管理、集体协商与集体合同以及三方协商等方面的机制与制度。[③]

也有一些学者提出了不同的学术主张。董保华在《论工会职能的新定位》一文中提出，目前法律法规对工会职能的定位仍然存有一定的问题，一是《工会法》规定的工会职能仍然过多，2001 年《工会法》赋予了工会多项职能，导致工

---

① 常凯．论社会主义市场经济条件下工会的地位．工会理论与实践（中国工运学院学报），1995（4）．

② 常凯，吴亚平．工会：集体劳权的代表——向市场经济过渡中工会的社会定位问题初探．当代工会，1996（6）．

③ 全总法律部“工会法制化建设”课题组．坚持依法维权，建立协调有效的工作机制．工会理论与实践（中国工运学院学报），1999（1）．

会在多项职能中举棋不定，工会职能定位仍然不甚明了；二是工会如何用好权利的机制仍然没有确定，未来工会应朝着民主化、社会化和行业化的方向改造。[①] 董保华在《论我国工会的职业化、社会化和行业化》中对工会改造“行政化”倾向做了更为明确的说明。他认为，从职业化改革出发，工会应以维护劳动者的权益为唯一的职能；从社会化出发，工会应设置社区工会及企业间的联合工会；从行业化出发，工会应参与制定行业劳动标准来完善我国的劳动协调机制。[②]

三、集体谈判与集体合同研究

1994 年《劳动法》对集体合同和集体协商做出了明确的规定，自此学界对集体合同有关主题展开了多学科的研究，一直到《工资集体协商试行办法》（2000 年颁布）和《集体合同规定》（2003 年颁布），在这 10 余年时间中，学界对集体协商在市场化劳动关系中的必要性与作用、集体协商与集体合同的内容、集体协商在实践运行中的问题、集体合同立法等主题展开了丰富的研究。

《劳动法》颁布后，一些学者提出了在市场经济条件下实施集体合同和集体协商制度的必要性。石美遐在《必要与实施：关于集体合同》一文中就提到，随着社会主义市场经济体制的确定，我国应在全国推动集体合同制度。其理由是：推动实施集体合同是劳动关系主体利益分化的必然要求，是保护

---

① 董保华．论工会职能的新定位．工会理论研究（上海工会管理职业学院学报），2003（6）．

② 董保华．论我国工会的职业化、社会化和行业化．工会理论研究（上海工会管理职业学院学报），2002（1）．

劳动者权益的必要手段，是实现社会稳定的有效途径。[①] 张国祥（1994）认为实施集体协商和集体合同制度是建立现代企业制度的客观要求，其必要性体现在：建立产权明晰、责权明确、政企分开、管理科学的现代企业制度，使国家与企业、企业与职工之间的利益关系更加清晰，这些关系需要一套法律制度加以调整。由企业工会代表全体职工与企业经营者经过协商签订集体合同，就是调整企业与职工之间利益关系的有效法律制度。[②] 关怀在《积极推行集体合同制度》一文中认为，集体合同制度在社会主义建设中具有十分重要的作用，这些作用表现在：维护职工合法权益，提高职工的生活福利条件；协调劳动关系，为建立和谐的劳动关系服务；加强企业的民主管理，充分调动职工的劳动积极性和创造性；促进企业改善经营管理，提高工会的威信；弥补劳动法规的不足，为企业提供调整劳动关系的具体规范。[③]

学界对集体合同和集体协商的内容以及面临的问题也做出了较多的论述。王全兴在《集体合同论纲》一文中对集体合同制度相应的问题做出了论述，他对集体合同的概念、集体合同的目标模式、集体合同内容、集体合同订立程序、集体合同效力分别做了阐述。[④] 关怀在《略论集体合同制度》一文中也针对集体合同制度的整体框架做了较为完整的论述。[⑤] 常凯在《现代企业制度与集体谈判和集体合同》一文中，对当时推行

---

① 石美遐．必要与实施：关于集体合同．中国劳动科学，1994（4）.

② 张国祥．建立现代企业必须推行集体合同制度．中国劳动科学，1994（8）.

③ 关怀．积极推行集体合同制度．工会理论与实践（中国工运学院学报），1995（1）.

④ 王全兴．集体合同论纲．法商研究（中南政法学院学报），1995（4）.

⑤ 关怀．略论集体合同制度．法制与社会发展，1996（2）.

集体合同制度过程中存在的问题进行了分析。他认为当时主要存在的问题包括：关于集体谈判的主体需要进一步明确并予以资格确认；政府和雇主的作用；关于谈判的程序和合同的内容要予以规范；关于集体谈判和集体合同的法律责任要予以规范。一直到21世纪，我国集体谈判和集体合同的问题仍然存在。[①] 程延园在《集体谈判制度在我国面临的问题及其解决》一文中认为，推进集体协商制度过程中存在的问题有：工会的代表性和独立性问题；企业级别集体谈判的雇主角色不明，行业、区域集体谈判中的雇主组织缺位问题；谈判环节缺位，协商谈判机制尚未充分发挥作用；协议内容雷同，缺少针对性和可操作性；集体协议制度发展不平衡，一些企业和地区严重滞后。[②] 除此之外，一些学者就推行集体合同制度过程中存在的具体问题进行了分析和阐述。董保华（2000）就集体合同的主体与法律责任进行了分析[③]，常凯（1995）就外资企业的集体谈判和集体合同制度推行中存在的法律问题进行了分析[④]，夏小林（2004）就私营部门集体协商制度实施存在的问题进行了分析[⑤]。这些研究对推动中国集体协商和集体合同制度的实施与理论发展起到一定的作用。

在此期间，大部分研究都是关于集体协商和集体合同制度

---

① 常凯．现代企业制度与集体谈判和集体合同．改革，1994（5）．

② 程延园．集体谈判制度在我国面临的问题及其解决．中国人民大学学报，2004（2）．

③ 董保华．试析集体合同的主体与法律责任．工会理论研究（上海工会管理职业学院学报），2000（4）．

④ 常凯．外资企业中集体谈判和集体合同制度的法律问题．中国法学，1995（1）．

⑤ 夏小林．私营部门：劳资关系及协调机制．管理世界，2004（6）．

及实施问题的经验研究，但也有一些学者借鉴西方集体谈判的理论进行了本土化理论研究。程延园（2004）认为，集体谈判能否为管理方所接受，并作为决定就业条件和待遇的主要方式，取决于两种不同的价值判断体系，即一元论和多元论。集体谈判可以在全国范围展开，也可以在行业、地区、企业级进行，可以是多雇主谈判，也可以是单一雇主的谈判。[①] 佘云霞（2004）认为，从理论上看，集体谈判应具备三个基本条件：一是谈判的行为主体是理性的，二是谈判涉及利益的协调与交换，三是谈判是一种制度化的行为。[②]

四、企业劳动关系研究

随着劳动关系市场化的推进，劳动体制改革引发了企业劳动关系的深刻变化，特别是伴随着非公有制企业的兴起，企业劳动关系管理的多元化、复杂化程度远超过计划经济体制时期。自20世纪90年代初期开始，劳动关系研究中涌现了一大批关于企业劳动关系微观层面的研究，这是劳动关系研究一个非常重要的突破，从传统体制改革、劳动法和工会研究延伸出了关于企业微观层面的研究。

1. 国有企业劳动关系市场化转型

在20世纪90年代前期，关于国有企业劳动关系改革的研究主要集中于在现代企业制度建立中如何实现劳动制度改革。到1997年之后，因为下岗分流等政策的实施，学界对国有企

---

① 程延园．集体谈判：现代西方国家调整劳动关系的制度安排．教学与研究，2004（4）．

② 佘云霞．对集体谈判的理论分析．工会理论与实践（中国工运学院学报），2004（1）．

业内部劳动关系的改革做了大量的研究。郑东亮、王文珍（1996）早在1996年就对改革中的国有企业劳动关系特征进行了描述。他们认为改革中的国有企业劳动关系表现为：一是政府、企业和职工的正常关系还未完全形成；二是企业和职工在利益关系上具有复杂性；三是职工与企业的平等地位还没有完全形成。所以，他们认为要对国有企业劳动关系调整机制进行改革：一是深化国有企业改革，使其与现代企业制度的实行保持同步；二是建立以当事人自行调整为主的多层次调整机制；三是改革劳动行政，实现劳动部门职能市场化调控的转换。[①] 劳动和社会保障部劳动科学研究所课题组（1999）对国有企业下岗职工劳动关系的处理进行了翔实的分析。他们认为，下岗职工劳动关系处理之所以出现困难，其原因在于：一是社会保险关系难以接续；二是经济补偿政策和标准不明确；三是企业无力承担经济补偿，无力偿还历史欠债；四是下岗职工再就业能力偏低。为解决这些困难，他们具体分析了政府、国有企业的职能与定位，劳动力市场重组，社会保险接续以及隐性再就业等问题。[②] 王长城（2000）对国企下岗职工劳动关系出现的问题及解决对策也进行了类似的分析。[③] 关于在国有企业产权改革之后劳动关系发生变化的具体问题，学者也展开了研究。刘元文、高红霞（2002）对国企改革中职工作为

---

① 郑东亮，王文珍．国有企业劳动关系及其调整问题研究．经济研究参考，1996（7）．

② 劳动和社会保障部劳动科学研究所课题组．国有企业下岗职工劳动关系处理问题研究报告．经济研究参考，1999（6）．

③ 王长城．国有企业下岗职工劳动关系及其处理．中南财经大学学报，2000（1）．

劳动关系主体的社会地位、经济地位以及收入差距进行了研究。[①] 信卫平（2001）对国有企业劳动关系市场化改革中劳动者社会地位和劳动权益进行了具体分析。[②] 中国工运学院法律系课题组（1998）就国有企业改革中集体合同制度存在的问题进行了研究。[③] 自 1997 年以来，学界就国有企业下岗职工与劳动关系变化发表了大量的文章，这些问题对研究和解决下岗失业问题起到了很强的理论支撑作用。

2. 非公有制企业劳动关系

有关非公有制企业劳动关系的问题，学界主要分析了外资企业、民营企业和股份制企业劳动关系的特征与问题。徐树理（1996）认为，外资企业劳动关系呈现出四大特征：一是劳动关系主体自主能力强；二是劳动关系合同化；三是劳动关系不稳定；四是劳动关系双方权益意识和利益冲突明显化。[④] 程延园（2002）对外资企业劳动关系存在的问题进行了较为系统的分析，她认为当时外资企业劳动关系仍然存在许多问题：一是劳动合同短期化现象突出；二是外资企业大龄职工的失业问题突出；三是终止和解除劳动合同的经济补偿问题不到位；四是外资企业工会力量比较薄弱；五是劳动关系的集体协商程序不规范、集体合同约束力较弱；六是涉外劳动争议案件处理不

① 刘元文，高红霞．产权改革后国有企业劳动关系基本状况．工会理论与实践（中国工运学院学报），2002（6）.

② 信卫平．国有企业改革进程中劳动关系市场化对劳动者的影响．工会理论与实践（中国工运学院学报），2001（2）.

③ 中国工运学院法律系课题组．国有企业集体合同制度若干问题研究．工会理论与实践（中国工运学院学报），1998（1）.

④ 徐树理．析涉外企业劳动关系的特点．中国劳动科学，1994（3）.

规范。[1] 常凯（1995）则对外资企业的集体谈判和集体合同问题进行了深入的研究，他认为外资企业实行集体谈判和集体合同制度仍然存在问题，所以他分别对集体谈判的法律关系主体、程序、内容、形式以及法律责任进行了分析。[2] 周长城和吴淑凤（2000）对中外合资企业的劳动关系进行了研究，他们认为中外合资企业劳动关系具有劳资关系的一般特征，即劳资关系是由工业企业中雇佣关系而产生的关系；劳资关系强调和解的过程；每一种劳资关系系统都形成了管理工厂的规则，通过集体形成合同等。[3]

陈永志（1995）发表了《私营经济雇佣劳动关系剖析》一文。在文中他认为，私营企业的劳动关系属于雇佣关系，社会主义条件下雇佣关系呈现自身的特点，他分别从劳动者与生产资料相结合的方式、劳动力的买卖关系、劳动与资本交换的范围、劳动对资本的隶属关系、收入分配、劳资双方矛盾以及未来发展趋势七个方面进行了理论分析，并得出西方资本主义社会劳动关系与社会主义市场经济劳动关系的差异。[4] 卢现祥（1999）分析了非公有制企业劳资关系形成的特征，认为随着我国社会主义市场经济体制的不断完善、社会经济的不断发展以及制度的不断健全，非公有制企业的劳资关系会从不平等向平等转变，从不稳定向稳定转变，从非契约性向契约性转变，

---

① 程延园．外资企业劳动关系存在的问题及对策．中国人力资源开发，2002（1）．

② 常凯．外资企业中集体谈判和集体合同制度的法律问题．中国法学，1995（1）．

③ 周长城，吴淑凤．中外合资企业中的劳资关系探讨．经济评论，2000（4）．

④ 陈永志．私营经济雇佣劳动关系剖析．厦门大学学报（哲学社会科学版），1995（1）．

从机制不健全向健全转变。[①] 许晓军（1995）在《略论我国乡镇企业的劳动关系》一文中认为，我国乡镇企业劳动关系的形成既不是以企业的彻底破产为前提，又不是以国家的保护为基础，而是从传统的乡村经济关系中逐步演变过来的，因此，这种劳动关系与其他私营企业的劳动关系存在着较大的差异，形成了中国独特的乡镇企业劳动关系的特点。[②]

当然，这一时期对企业劳动关系的研究仍然停留在劳资之间关系的确立上，并且更多是结合劳动制度改革进行研究，并未与人力资源管理相结合深入研究企业用工管理或劳资在生产过程中的合作抗争关系。但是，学者在这一时期已开始把研究主题延伸到企业劳动关系，突破了传统研究仅停留于制度和机制层面上的局限。

第三节　和谐劳动关系构建与多元学科融合

进入21世纪，随着国有企业改革的深入开展，统一劳动力市场的建立与发展，劳动关系的市场化基本完成。中国劳动关系的运行机制已经初步实现了从以政府为主体的行政控制到以企业为主体的市场调节的转变。这种转变主要表现为：劳动关系归属企业化、劳动关系调节市场化和劳动关系规范契约化（常凯，2009）。但是，劳动权益受损的状况并没有得到根本改善。所以，自2002年开始，国家加大了劳动关系政策的推

① 卢现祥．转轨时期我国非公有制企业劳资关系形成的特征．经济问题，1999（11）．

② 许晓军．略论我国乡镇企业的劳动关系．工会理论与实践（中国工运学院学报），1995（5）．

行力度，颁布了一系列法律法规。这一阶段的劳动关系政策要解决的核心问题不再是劳动关系市场化的问题，而是保护劳动者权益的问题。2006 年 10 月，党的十六届六中全会通过了《关于构建社会主义和谐社会若干重大问题的决定》，首次以中央文件的形式正式提出了发展和谐劳动关系的概念与具体要求。

随着劳动立法力度的加大与和谐劳动关系的构建，自 2004 年之后，劳动关系已不再仅仅被学界视为研究的主题，而是形成了较为完整的学科。在研究内容上，形成了多学科融合的趋向，法学、工会学、社会学、经济学、管理学以及心理学等学科共同研究劳、资、政的关系，形成了一个独立于其他学科的研究领域；在研究方法上，突破了传统法学和工会研究的传统，社会学的定性案例研究和经济学、管理学的定量研究也开始在劳动关系研究中被大范围使用；在教学与人才培育上，中国人民大学、中国劳动关系学院、首都经济贸易大学自 2004 年之后纷纷设立了劳动关系本科专业，2009 年，中国人民大学还设立了劳动关系硕士和博士授予点。自此，劳动关系在中国真正成了一个区别于其他学科的独立学科。

一、劳动关系政策立法实践与研究

劳动关系政策近 20 年来得到了巨大的发展，自 2003 年以来不断完善，进一步加强了对劳动者个体权益的保护。劳动关系政策的发展集中表现在两个方面：其一，劳动关系法律法规的颁布；其二，对农民工权益的保护。自 2002 年开始，国家颁布了《安全生产法》（2002 年）、《就业促进法》（2007 年）、《劳动合同法》（2007 年）、《劳动争议调解仲裁法》（2007 年）

以及《社会保险法》（2010 年）等法律，同时还颁布了《最低工资规定》《工伤保险条例》《劳动保障监察条例》《安全生产许可条例》《劳动合同法实施条例》《劳动争议调解仲裁法实施条例》等法规。这些近 20 年的劳动关系政策在数目和涵盖的范围上，都是改革开放之后从未出现过的。劳动关系政策从就业、工资、工时、劳动合同、劳动安全与卫生以及培训等各方面对劳动者权益进行了保护。以《劳动合同法》为例，该法律的立法宗旨就在于保护劳动者的权益，即“为了完善劳动合同制度，明确劳动合同双方当事人的权利和义务，保护劳动者的合法权益，构建和发展和谐稳定的劳动关系”。《劳动合同法》要求通过劳动合同的形式保护劳动者的合法权益，限制用人单位单方面决定劳动过程中涉及劳动者权益的事项。所以，综合来看，劳动关系政策在近 10 多年取得了巨大的发展，不仅涉及的主题扩张了，而且对劳动者个体权益的保护力度也增强了。

对农民工权益的保护是从规范企业拖欠工资开始的。从 2003 年开始，国务院和各部委就颁发了一系列文件来解决农民工工资拖欠问题。例如，2003 年国务院发布了《关于切实解决建设领域拖欠工程款问题的通知》，劳动和社会保障部、建设部于 2003 年发布了《关于切实解决建筑业企业拖欠农民工工资问题的通知》，建设部于 2003 年发布了《关于建立解决拖欠工程款和拖欠农民工工资问题情况报告制度的通知》，并且在 2004 年发布了《关于进一步解决拖欠农民工工资问题的紧急通知》，劳动和社会保障部也在 2004 年发布了《建设领域农民工工资支付管理暂行办法》等。这些法规的颁布对解决农民工工资拖欠问题起到了积极作用。

除了保障工资发放之外，国家还颁布了一系列其他政策来保护农民工在就业、技能培训、社会保障以及劳动安全与卫生等方面的权益，其中最为突出的是2006年国务院颁布的《关于解决农民工问题的若干意见》。该文件的宗旨很明确，即"为统筹城乡发展，保障农民工合法权益，改善农民工就业环境，引导农村富余劳动力合理有序转移，推动全面建设小康社会进程"。文件要突出解决的问题是当时存在的一系列农民工权益受损的问题，即"工资偏低，被拖欠现象严重；劳动时间长，安全条件差；缺乏社会保障，职业病和工伤事故多；培训就业、子女上学、生活居住等方面也存在诸多困难，经济、政治、文化权益得不到有效保障。这些问题引发了不少社会矛盾和纠纷"。该文件把解决好农民工问题视为关系到社会公平正义与社会和谐稳定的大问题，并对农民工权益的各方面给予了政策上的保障，对保护农民工在劳动力市场中的权益起到了关键性作用。

虽然进入21世纪以后我国的劳动关系政策加大了对劳动者权益的保护力度，但是当时劳资矛盾冲突仍然较为激烈，停工等群体性事件时有发生，所以自2004年开始，国家又开始关注对集体劳动权益的保护，例如，2004年劳动和社会保障部发布了《集体合同规定》。《集体合同规定》明确规定，用人单位在确定劳动报酬、工作时间、休息休假、劳动安全卫生、职业培训、保险福利等事项时，都要与本单位职工进行集体协商，签订集体合同。2010年，人力资源和社会保障部、中华全国总工会以及中国企业联合会/中国企业家协会联合发布了《关于深入推进集体合同制度实施彩虹计划的通知》，开始在全国全面推行集体合同制度。中华全国总工会于2010年提出了“两个普遍”，并于 2011 年下发了《中华全国总工会 2011—2013 年深入推进工资集体协商工作规划》。这些关于集体协商与集体合同的劳动关系政策，在一定程度上保护了劳动者的集体劳动权益。

二、劳动关系理论和学术思想研究

劳动关系是一门新型的交叉学科，是社会学、法学、经济学和管理学等学科交叉形成的研究领域。由于我国劳动关系学科起步时间较晚，学科的归属暂时也比较模糊，所以目前虽然已经发表了大量的学术论文，但发表论文的杂志整体水平并不高，大量的文章是以实务工作经验总结或经验现象描述为主。由于中国劳动关系学科正处于起步和发展阶段，所以这一阶段很重要的一项任务就是对西方理论和学术思想进行介绍及研究。

吴清军的《结构主义与经验主义的制度研究及转向：欧美劳动关系理论研究述评》一文较为系统地介绍了欧美劳动关系理论发展的进程。作者认为，作为一个独立的研究领域，欧美劳动关系研究自 20 世纪 20 年代以来形成了两种研究传统，即以美国为主导的制度经济研究，以及以英国为主的历史与社会学的工作规范研究。作者还认为，20 世纪 50 年代至 70 年代，劳动关系系统论和牛津学派多元主义继承了这两种研究传统，并确定了现代劳动关系的基本理论分析框架。文章把这两大研究传统的特征概括为结构主义和经验主义（吴清军，2015）。[①] 20 世纪 80 年代之后，随着欧美劳动关系研究的整体

---

① 吴清军．结构主义与经验主义的制度研究及转向：欧美劳动关系理论研究述评．社会学研究，2015（3）．

衰落，学界开始反思这两种研究传统。马克思主义政治经济学、策略选择理论以及劳动关系平衡理论等在打破结构主义和反思经验主义等方面有了较大突破，文章对这些发展的新趋向也给予了一定的介绍和分析。

吴清军（2015）在另一篇文章《整合式还是多元化？劳动关系研究范式的争辩与研究发展趋向》中对涉及劳动关系学科的一些基本范式问题进行了回顾与介绍。作者认为，劳动关系学科作为多学科交融的产物，在其发展历程中，各学科关于劳动关系问题的研究缺乏统一的研究范式和理论分析框架，因此，对于劳动关系的学科基础、研究对象、核心主题、研究方法及研究视角等与研究范式有关的问题，学术界一直存在分歧和争辩。作者对西方劳动关系学界的有关研究状况进行梳理后可以做出如下预判：劳动关系学科未来仍将沿着多学科的方向发展，并不需要单一整合式的研究范式，但作为学科的统一标识，学术界应在核心研究主题上取得一定共识。① 安增科、内曼贾·柏柏尔（2015）在《劳动关系的未来：学科的终结》这篇文章中具体探讨了影响劳动关系发展的热点话题。他们把其归纳为四个问题：劳动关系学是否有明确的研究目标？劳动关系学是否有独立存在的必要？全球化给劳动关系带来危机还是生机？国内制度还是国际制度决定本国的劳动关系？作者围绕这四个议题对相应的劳动关系文献进行了有效的介绍和讲解。②

---

① 吴清军．整合式还是多元化？劳动关系研究范式的争辩与研究发展趋向．中国人民大学学报，2015（4）．

② 安增科，内曼贾·柏柏尔．劳动关系的未来：学科的终结．贵州社会科学，2015（10）．

除此之外，近几年也发表了不少关于劳动关系理论或某个学术流派思想介绍的文章，但因为劳动关系学科背景比较复杂，在法学、社会学、经济学和管理学学科中都属于新兴领域，综合性分析的文章还比较少，所以发表在高水平、核心期刊上的文章目前还比较缺乏。

三、《劳动合同法》研究

制度研究一直是劳动关系研究中的核心部分。近些年，在中国劳动关系研究中，关于劳动合同的研究成为热点。《劳动合同法》自 2008 年实施以来就一直处于争议之中，要求修法的声音不断。2012 年修法之后，继续建议修改的声音也持续不断。所以，对《劳动合同法》本身及其实施效果的讨论一直是学界的热点话题。以董保华等为代表的学者一直主张《劳动合同法》需要做进一步修订。董保华在 2015 年之前就写了大量的文章来批判《劳动合同法》存在的弊端及其对经济造成的影响。2016 年，他发表在《探索与争鸣》上的《劳动合同法的十大失衡问题》一文总结了他对《劳动合同法》的基本观点。[①] 在文章中，他认为《劳动合同法》在一定程度上阻碍了当下改革的顺利进行。《劳动合同法》实际上将“劳强资弱”的概念改变为“资恶劳善”的观念，并将“劳资冲突极其对立”作为立法时的逻辑假设，过度强化管制、限制自治，由此产生了十大系统性失衡问题。

与董保华等人的观点截然对立的是，另外一批学者强调不仅不能修改《劳动合同法》，相反要加强《劳动合同法》的执

---

① 董保华．劳动合同法的十大失衡问题．探索与争鸣，2016（1）.

行与实施。刘诚在《探索与争鸣》2016 年第 8 期上发表了《全球经济下行背景下劳动法之选择：兼评〈劳动合同法〉的相关质疑》一文，此文对董保华的观点进行了针锋相对的批驳。[①] 作者认为自 2008 年以来，劳动法客观上能够促进消费，有利于实现供求平衡，不仅不能放松规制，反而应该强化规制。目前应进一步限制固定期限劳动合同，强化工作时间执法，并加强工资集体谈判和职工民主参与。同样，钱叶芳发表在《法学》2016 年第 5 期上的《〈劳动合同法〉修改之争及修法建议》一文，对董保华等人反对《劳动合同法》的观点持全盘否定的态度。作者认为，近段时间来，政界、商界、学界诸多人士发出新一轮修改《劳动合同法》的呼声，主要诉求是自由解雇和灵活用工。批评者在《劳动合同法》的立法宗旨和性质、劳动合同的性质、解雇保护、用工模式等方面的论点存在基本错误。[②]

以上是两类针锋相对的辩论与学术主张，当然法学界还发表了大量关于《劳动合同法》中劳务派遣、解雇保护、合同期限以及经济补偿与赔偿等相关具体问题的讨论，因学科的差异，在此不一一做详细介绍。

四、工会与集体协商研究

关于工会和集体协商的研究，目前大部分研究的主题仍然是实务性的经验总结和经验交流，但近几年来也发表了一些高质量的学术论文。

---

① 刘诚．全球经济下行背景下劳动法之选择：兼评《劳动合同法》的相关质疑．探索与争鸣，2016（8）．

② 钱叶芳．《劳动合同法》修改之争及修法建议．法学，2016（5）．

吴建平发表于《社会学研究》2017 年第 2 期的《地方工会“借力”运作的过程、条件及局限》从学术的角度研究了地方工会的运作机制。作者并没有把整个工会看成一个主体，而是在区分了全国总工会、地方工会与企业工会的基础上，具体分析了地方工会在既不具有社会动员力量，也不具有行政权力的制度体制下是如何运作的。[①] 文章并没有按照目前大部分工会研究的思路去总结各个地方工会的工作经验，也没有去批评地方工会在实践中的作用弱化，而是从整个社会机制背景中分析地方工会运作的机制以及背后的体制原因，这在一定程度上突破了现有西方文献对中国工会的认识，同时也是对工会在实践中运行机制的一个很好的经验概括和总结。

对于作为工会主要的行动和维权方式的集体协商的研究，近年来在学术研究上也得到了较大的推进。闻效仪在《社会学研究》2017 年第 2 期上发表了《从“国家主导”到多元推动：集体协商的新趋势及其类型学》一文，从实践角度很好地概括了目前推进集体协商工作的多元力量。作者认为，由于劳动力市场供求关系变化、工人谈判地位增强以及地方政府和雇主调整自身角色等原因，集体协商已经呈现出多种类型，正在进入一个多元推动的时代。从程序性规则和实体性规则这两个维度出发，文章提出了新的分析框架，将集体协商分为国家主导、工人主导、雇主主导和工会主导四种类型。文章虽然只是通过案例研究进行的经验概括和总结，但仍推动了集体协商

---

① 吴建平．地方工会“借力”运作的过程、条件及局限．社会学研究，2017（2）．

的相关研究。[①] 谢玉华、杨玉芬、郭永星发表的《工资集体协商形成机理及其效果比较研究》一文则是从制度变迁的视角对目前的集体协商进行了类型的划分，并在此基础上分析了背后的社会机理。作者认为，运用制度变迁理论可以将中国工资集体协商分为供给主导型和需求诱致型。通过两种类型的分析，作者看到了目前中国集体协商中不同力量在不同类型协商中的作用和表现。这也为我们更加清晰地认识目前集体协商的实践运行状态提供了很好的总结和分析。[②]

当然，目前关于工会和集体协商的研究，整体研究水平仍然有待提高，但随着越来越多的学者从不同学科、不同研究视角出发，通过不同研究方法进行研究，并相继发表高质量论文，学术研究的整体水平也在逐步提升。

五、劳动关系运行实践的研究

关于劳动关系的运行状况、劳动关系与经济发展的关系、企业劳动关系的管理、劳资矛盾的处理等主题，近几年也逐渐出现了定量的、标准化的研究。与前期仅停留于制度层面分析或概念之间逻辑关系的辨析不同的是，这几年定量研究的文章越来越多。

对于中国劳动关系运行的特色和发展趋势，常凯在《中国特色劳动关系的阶段特点和趋势》一文中做了很好的解释和分析。作者借用资本主义多样性理论对中国劳动关系特色做

---

① 闻效仪．从“国家主导”到多元推动：集体协商的新趋势及其类型学．社会学研究，2017（2）．

② 谢玉华，杨玉芬，郭永星．工资集体协商形成机理及其效果比较研究．广东社会科学，2017（2）．

了翔实的分析，认为研究中国特色劳动关系，需要在劳动关系国际比较的视野下进行。作者提出，中国劳动关系的特色并非表现在劳动关系的性质上，而是表现在中国市场化劳动关系的形成过程、主体结构和调整方式上。中国劳动关系的发展趋同是一般性，趋异是特定性。[①]于桂兰、梁潇杰、孙瑜在《基于扎根理论的企业和谐劳动关系质性研究》一文中使用了扎根理论来建构和谐劳动关系的模型。文章通过对 76 个企业样本的深度访谈和小组访谈获得文本资料，并使用扎根理论的研究方法，经过概念化与初步范畴化、核心范畴发掘、模型构建三个阶段，建构了企业和谐劳动关系概念模型。对于文章的结论，其创新性有待考证，但此文的贡献在于将原来仅停留于概念层面上的和谐劳动关系概念量化，并且通过实证分析的方法，将和谐劳动关系的概念与微观层面上的企业劳动关系运行实践结合起来。[②]

何勤、孟泉和李倩在《经济新常态下企业劳动关系风险预测研究：基于 245 家企业调查数据》一文中，在对经济新常态下企业劳动关系影响因素进行分析的基础上，采用因子分析法确定了员工信心指数、民主参与、企业经营绩效、员工权益实现、劳动环境、员工发展、收入公平性以及超时工作情况 8 个因变量，并采用 Logistic 回归的计量分析方法建立了企业劳动关系预测模型。[③] 文章的贡献不在于观点上的创新，而

---

① 常凯．中国特色劳动关系的阶段特点和趋势．武汉大学学报（哲学社会科学版），2017（5）．

② 于桂兰，梁潇杰，孙瑜．基于扎根理论的企业和谐劳动关系质性研究．管理学报，2016（10）．

③ 何勤，孟泉，李倩．经济新常态下企业劳动关系风险预测研究：基于 245 家企业调查数据．中国人力资源开发，2015（11）．

是使原来停留于政策层面的预警机制研究通过定量和构建模型的方法得到了发展。劳动关系研究虽然处于起步阶段，但是随着不同学科的共同努力推进，这些年在文章的选题、研究方法的使用以及理论的探讨上，都实现了长足的进步和发展。

六、共享经济下的劳动关系研究

在互联网飞速发展的背景下，传统的劳动关系受到影响，而现存的劳动法体系也受到了巨大的冲击。自 2015 年开始，学界开始逐步介入新技术和新经济发展模式的研究，虽然近 3 年发表的文章不多，但是在此期间也出现了一些高水准的文章。目前学界的研究主要表现在三个方面：其一，对于共享经济下劳动关系认定的研究；其二，描述共享经济下用工模式不断变化的过程；其三，共享经济下劳动者权益保护的研究。因为这是一个全新的研究领域，所以本文仅在此就几篇有代表性的文章进行综述。

王天玉在《基于互联网平台提供劳务的劳动关系认定》一文中认为，基于互联网提供劳务是否应认定为劳动关系，司法实践中存有分歧。在我国现行的制度框架下，不应当认定基于互联网平台提供劳务属于劳动关系。作者最后建议，面对互联网的发展，劳动法的适用范围需作动态调整，同时应避免劳动关系的泛化。[①] 关于互联网平台与劳动者之间劳动关系判定的问题，大量的媒体和学者都参与了讨论。但是大部分讨论文稿都是媒体报道或政策评论的文章，真正形成学术论文并发表

---

① 王天玉．基于互联网平台提供劳务的劳动关系认定．法学，2016（6）．

的文章目前仍然很少。除了这些直接讨论劳动关系认定的文章之外，郑尚元和谢增毅等人从民法的角度对此问题进行了更为深入的学术讨论。郑尚元在《法学家》上发表了《民法典制定中民事雇佣合同与劳动合同之功能与定位》[①]，谢增毅在《中国法学》上发表了《民法典编纂与雇佣（劳动）合同规则》[②]。在文章中，他们都把目前学界已忽视的话题重新提了出来，即雇佣合同和劳动合同的区别。他们认为，虽然《民法典》中雇佣规则调整劳动关系的功能弱化，但雇佣合同规则尚有存在的基础和必要。雇佣合同规则既为无法纳入劳动法的一般雇佣关系提供规则，也架起劳动法和民法沟通的桥梁，为劳动关系适用民法规则提供制度的连接点。虽然他们没有直接讨论目前共享经济下劳动关系认定的问题，但是他们却从更深层次上探讨了目前劳动法所遇到的困境。

除了对劳动关系认定的讨论之外，另外一些学者开始描述和总结共享经济下的用工模式与特征。陈微波（2016）认为共享经济背景下劳动关系模式的变化可能出现以下趋势：第一，合作型劳动关系模式将占主导地位；第二，劳动关系模式将趋于弹性化、多重化和开放性；第三，劳动关系模式将呈现出一定的虚拟性特征。[③] 还有一些学者开始关注共享经济下劳动者权益保护的问题。例如，粟瑜、王全兴（2016）认为，在我国以灵活就业为主、正规就业为辅的就业新格局中，以保

---

① 郑尚元．民法典制定中民事雇佣合同与劳动合同之功能与定位．法学家，2016（6）．

② 谢增毅．民法典编纂与雇佣（劳动）合同规则．中国法学，2016（4）．

③ 陈微波．共享经济背景下劳动关系模式的发展演变——基于人力资本特征变化的视角．现代经济探讨，2016（9）．

险代理人、代工劳动者、网络代驾合作司机为代表的众多从事自治性劳动（亦即劳务关系）的灵活就业者，虽已卷入生产组织整合外部资源的后福特制转型中，进而陷入工具化，却因其劳务关系的法律定性而处于不在劳动法保护范围、民法又不作倾斜保护的尴尬境地。将来我国应以保护体系重构为路径，借鉴德、意的立法经验，确立工具化自治性劳动的构成要件，并逐步分类配置倾斜保护的措施。① 班小辉（2017）认为，近些年共享经济模式创造了从属性更加松散的就业模式，就业主体的工作独立性相对较高，但也面临一定的就业风险。传统以劳动关系和劳务关系为界分的劳动法调整路径难以很好地平衡分享经济的发展与就业主体权益保障之间的关系。为此，现行劳动法有必要扩大冲突的保护对象范围，在劳动者和劳务提供者之间增设具有经济依赖性的劳务提供者主体，并为其提供适当的类似劳动者的法律保护，从而为共享经济下的劳务提供者提供更为合理的保护路径。②

另外，有法学学者从法律规制的角度对目前的共享经济进行了研究。比如，蒋大兴、王首杰等人（2017）就从法律规制的角度对共享经济进行了研究，虽然他们分析了整个共享经济的形态，但其中很大一部分内容涉及劳动、就业和工作。③由于本文主要从劳动关系方面进行综述，其相关研究成果不再赘述。当然，因为对共享经济下劳动关系的认定尚且没有定

① 粟瑜，王全兴．我国灵活就业中自治性劳动的法律保护．东南学术，2016（3）．

② 班小辉．论“分享经济”下我国劳动法保护对象的扩张——以互联网专车为视角．四川大学学报，2017（2）．

③ 蒋大兴，王首杰．共享经济的法律规制．中国社会科学，2017（9）．

论，所以对于目前的用工模式与特征以及劳动者权益保护，也基本上只是进行笼统的分析，而没有出现针对性较强的研究。未来对互联网经济下劳工权益、劳动关系以及用工模式的研究，还有待更进一步地深入分析。

从近些年劳动关系学科发表文章的数量和质量来看，劳动关系研究经过了40多年的发展之后，学科更为成熟，并已与法学中的劳动法研究、社会学中的劳工研究、经济学中的劳动经济研究和管理学中的人力资源管理研究更加融合，形成了自己独特的学科领域。综合劳动关系学科近年来的发展趋势，我们认为未来该领域的发展可能会出现以下三大趋势。

第一，跨学科的研究视角和研究方法将是未来学术发展的方向。从目前发展趋势来看，即便是劳工研究、劳动经济研究和人力资源管理研究，都开始出现了跨学科研究的发展趋势。传统单一的马克思主义研究视角或经济学视角虽然仍有很强的解释力，但是学者在解释和分析劳动关系现实问题时，已开始关注和使用不同学科的理论资源以及研究方法。

第二，共享经济下的劳动、劳动权益保护以及劳动关系研究将成为未来学术研究的主要研究对象。随着产业结构的不断调整和互联网的迅速发展，平台化就业将成为未来就业的重要形式，大量劳动者的工作将发生巨大的改变，而传统的制度与法律规范也将受到巨大的冲击。如何研究平台化的劳动、劳动者的权益以及劳动者与平台的关系，这将成为未来这个研究领域的新增长点。

第三，同情和关怀劳工、保护劳动者权益仍然是劳工研究和劳动关系研究中的主流价值观。不管是马克思主义劳工研究，还是主流劳动关系研究，同情劳工境遇、保护劳动者权益都是这个研究领域学者们秉承的一贯价值观。作为一个跨学科和交叉学科的研究领域，不论是社会学、法学还是政治经济学等，尽管各个学科的关注点和研究方法存在差异，但是它们在价值理念上是一致的。未来在共享经济条件下，劳动者将会更分散，劳动者集体行动的可能性和行动的能力也会越来越弱，在此背景下，学界更应该关注和同情劳动者的境遇，保护他们的权益。

作为应用性社会科学，劳动关系研究都以解释和解决社会现实问题为导向。在今天这个快速发展的时代，这个领域中的学者更应该不断调整自己的研究主题和研究问题，以社会现实问题为导向。只有这样，才能不断推进该领域的研究，促进学科不断向前发展。

第二章

构建和谐劳动关系的背景与基本理念

构建和谐劳动关系作为建设社会主义和谐社会的重要基础，已历经了10多年的发展历程。本章将对构建和谐劳动关系的背景和过程进行梳理，并解释每个发展阶段构建和谐劳动关系要解决的核心问题。2015年，中共中央和国务院印发了《关于构建和谐劳动关系的意见》，对构建和谐劳动关系做了全面的总结，并部署了下一步工作的目标与具体措施。本文将结合《关于构建和谐劳动关系的意见》的内容，对和谐劳动关系的基本理念、工作格局以及中国特色做详细阐述和分析。

第一节　构建和谐劳动关系的发展历程

2006年10月，党的十六届六中全会通过了《关于构建社会主义和谐社会若干重大问题的决定》（以下简称《决定》），首次以中央文件的形式正式提出了发展和谐劳动关系的概念与具体要求。自此之后的10多年时间中，党和政府构建和谐劳动关系大致经历了三个发展阶段，并且在每个发展阶段，构建和谐劳动关系要解决的核心问题也随着市场经济和劳动关系的发展而不断推进。

一、构建和谐劳动关系的三个阶段

从2006年党的十六届六中全会首次提出发展和谐劳动关

系以来，党和政府构建和谐劳动关系大致经历了三个阶段：

1. 第一个阶段：2006 年 10 月，党的十六届六中全会通过了《关于构建社会主义和谐社会若干重大问题的决定》

《决定》首次提出了发展和谐劳动关系的概念，但此时对和谐劳动关系的界定和实施措施并没有做出具体的规定。作为推进以改善民生为重点的社会建设、构建和谐社会的重要任务，《决定》提出了发展和谐劳动关系的任务，即“完善劳动关系协调机制，全面实行劳动合同制度和集体协商制度，确保工资按时足额发放。严格执行国家劳动标准，加强劳动保护，健全劳动保障监察体制和劳动争议调处仲裁机制，维护劳动者特别是农民工合法权益”。

2. 第二个阶段：2011 年 8 月，“全国构建和谐劳动关系先进表彰暨经验交流会”召开

这次会议是改革开放以来第一次关于和谐劳动关系主题的全国性大会，习近平同志发表了重要讲话。习近平同志在讲话中对构建和谐劳动关系的定位和工作目标做出了明确的界定。他指出，构建和谐劳动关系，是建设社会主义和谐社会的重要基础，是增强党的执政基础、巩固党的执政地位的必然要求。构建和谐劳动关系是坚持中国特色社会主义道路、贯彻中国特色社会主义理论体系、完善中国特色社会主义制度的重要组成部分，其经济、政治、社会意义十分重大而深远。同时，他要求各级党委和政府把构建和谐劳动关系的工作作为一项重要而紧迫的政治任务抓实抓好。

在此次讲话中，习近平首次对和谐劳动关系的特征做了界定，提出和谐劳动关系是“规范有序、公正合理、互利共赢、和谐稳定”的劳动关系。

3. 第三个阶段：2015 年 3 月，中共中央和国务院印发了《关于构建和谐劳动关系的意见》（以下简称《意见》）

《意见》在总结近 10 年来构建和谐劳动关系的有益探索和改革经验的基础上，首次提出了构建中国特色和谐劳动关系的理念，同时明确了构建中国特色和谐劳动关系的重大意义、指导思想、基本原则、目标任务和政策措施。《意见》提出：在新的历史条件下，努力构建中国特色和谐劳动关系，是加强和创新社会管理、保障和改善民生的重要内容，是建设社会主义和谐社会的重要基础，是经济持续健康发展的重要保证，是增强党的执政基础、巩固党的执政地位的必然要求。

《意见》对构建中国特色和谐劳动关系的下一步目标任务提出了具体要求："加强调整劳动关系的法律、体制、制度、机制和能力建设，加快健全党委领导、政府负责、社会协同、企业和职工参与、法治保障的工作体制，加快形成源头治理、动态管理、应急处置相结合的工作机制，实现劳动用工更加规范，职工工资合理增长，劳动条件不断改善，职工安全健康得到切实保障，社会保险全面覆盖，人文关怀日益加强，有效预防和化解劳动关系矛盾，建立规范有序、公正合理、互利共赢、和谐稳定的劳动关系。"

自 2006 年首次正式提出和谐劳动关系概念，到 2015 年提出中国特色和谐劳动关系，党和政府对构建和谐劳动关系的内涵、定位、意义以及工作机制的认识和具体工作部署，也是随着市场经济和劳动关系发展而不断发展的过程。

二、构建和谐劳动关系要解决的核心问题

构建和谐劳动关系经历了一个逐步清晰化的过程，每个阶

段要解决的问题也不断地变化发展。经过三个阶段的发展，构建和谐劳动关系的目标逐步清晰，即保护劳动者权益，创新劳动关系制度建设，形成中国特色劳动关系运行模式。①

1. 第一个阶段要解决的问题：作为民生问题的劳动者权益保护

在2006年《关于构建社会主义和谐社会若干重大问题的决定》中，就业与和谐劳动关系发展是加强建设的八大社会事业之一。《决定》提出：实施积极的就业政策，发展和谐劳动关系。把扩大就业作为经济社会发展和调整经济结构的重要目标，实现经济发展和扩大就业良性互动……完善劳动关系协调机制，全面实行劳动合同制度和集体协商制度，确保工资按时足额发放。严格执行国家劳动标准，加强劳动保护，健全劳动保障监察体制和劳动争议调处仲裁机制，维护劳动者特别是农民工合法权益。

所以，当发展和谐劳动关系被作为构建和谐社会的一部分提出时，它首先要解决的是民生问题。② 在具体发展方向上，《决定》强调了发展和谐劳动关系的几个主要内容：其一，工资按时足额发放；其二，加强劳动保护；其三，保护劳动者权益，特别是农民工合法权益。③ 对于劳动关系的协调机制建

---

① 乔健认为，中国构建和谐劳动关系治理体系并非仅仅保障劳动关系主体的权利，其最终目标是保持国家和社会稳定，促进实现“两个一百年”的中国梦。乔健．略论中国特色和谐劳动关系．中国劳动关系学院学报，2015（2）．

② 刘铁明，罗友花．中国和谐劳动关系研究综述．马克思主义与现实，2007（6）．

③ 董保华在2007年的一篇文章中也探讨了当时构建和谐劳动关系要解决的问题。董保华．和谐劳动关系的思辨．上海师范大学学报（哲学社会科学版），2007（2）．

设，当时规定得也比较简化，即劳动合同、集体协商制度，劳工标准以及劳动争议调解仲裁和劳动监察。这些机制建设都服务于保障劳动者特别是农民工的基本经济权益。

2. 第二个阶段要解决的问题：创新社会治理模式中的劳动关系制度建设

经过几年的发展，构建和谐劳动关系已取得一定的成效。在 2011 年召开的“全国构建和谐劳动关系先进表彰暨经验交流会”上，除了表彰全国模范劳动关系和谐企业和工业园区之外，还交流和总结了构建和谐劳动关系的工作经验。习近平在会上强调：构建和谐劳动关系，要坚持以人为本，把解决广大职工最关心最直接最现实的利益问题，切实维护他们的经济权益、政治权益、文化权益、社会权益，作为根本出发点和落脚点。并且，把构建和谐劳动关系提升到巩固党的执政基础和执政地位的高度。他指出：构建和谐劳动关系，是建设社会主义和谐社会的重要基础，是增强党的执政基础、巩固党的执政地位的必然要求，是坚持中国特色社会主义道路、贯彻中国特色社会主义理论体系、完善中国特色社会主义制度的重要组成部分。

所以，构建和谐劳动关系并不仅仅要解决民生问题，而是涉及经济、政治、社会重要意义的系统性创新工程。在中央精神的引领下，构建和谐劳动关系的任务是正确处理改革发展稳定的关系，创新和完善构建和谐劳动关系体制机制，加强劳动关系矛盾的系统治理、依法治理、综合治理和源头治理，构建和谐劳动关系已成为创新社会治理体系的重要组成部分。在创新社会治理模式的情境下，中国已初步形成了“党委领导、政府负责、社会协同、企业和职工参与”的工作格局。

3. 第三个阶段要解决的问题：创新中国特色和谐劳动关系运行模式

党的十八大之后，构建和谐劳动关系被摆在了更加突出的位置，要求把构建和谐劳动关系作为一项紧迫任务来抓实抓好。2015年印发的《关于构建和谐劳动关系的意见》指出了构建和谐劳动关系的紧迫性：我国正处于经济社会转型时期，劳动关系的主体及其利益诉求越来越多元化，劳动关系矛盾已进入凸显期和多发期，劳动争议案件数量居高不下，有的地方拖欠农民工工资等损害职工利益的现象仍较突出，集体停工和群体性事件时有发生，构建和谐劳动关系的任务艰巨繁重。所以自2015年开始，党和政府在已有工作成效的基础上，要求创新工作机制和保障机制，构建中国特色和谐劳动关系。①

《意见》对构建中国特色和谐劳动关系提出了建立规范有序、公正合理、互利共赢、和谐稳定的劳动关系的目标任务，即加强调整劳动关系的法律、体制、制度、机制和能力建设，加快健全党委领导、政府负责、社会协同、企业和职工参与、法治保障的工作体制，加快形成源头治理、动态管理、应急处置相结合的工作机制，实现劳动用工更加规范，职工工资合理增长，劳动条件不断改善，职工安全健康得到切实保障，社会保险全面覆盖，人文关怀日益加强，有效预防和化解劳动关系矛盾，建立规范有序、公正合理、互利共赢、和谐稳定的劳动关系。②

---

① 尹蔚民．致力推进中国特色和谐劳动关系的构建．求是，2015（9）．

② 董保华、李干在文中对和谐劳动关系构建的动态治理做了一定的解释。董保华，李干．构建和谐劳动关系的新定位．南京师范大学学报（社会科学版），2016（2）．

构建中国特色社会主义和谐劳动关系从初步的概念到今天，历经了10多年的不断发展和完善，目前已在指导思想、基本原则、目标任务和实施措施等方面取得了较大的进展。在这10多年的发展历程中，构建和谐劳动关系的目标、定位以及要解决的核心问题也在不断调整。时至今日，构建中国特色和谐劳动关系也不再局限于解决民生问题，而是从创新社会治理体系、建设中国特色社会主义和谐社会的战略高度来推进工作。

第二节　构建和谐劳动关系的基本理念与工作体制

《关于构建和谐劳动关系的意见》对中国特色和谐劳动关系的理论内涵做了较为明确的界定，所以本部分将以《意见》为基础，结合构建和谐劳动关系的实践，对中国特色和谐劳动关系的基本理念和工作体制做具体分析。

一、中国特色和谐劳动关系的基本理念

劳动关系发展到什么程度才是中国特色和谐劳动关系？《意见》给出了四大目标：规范有序、公正合理、互利共赢、和谐稳定。对于这四大目标，《意见》给出了具体的规定和解释。规范有序是要实现劳动关系法治化运行，构建和谐劳动关系要健全劳动关系法律法规，加强劳动保障执法监督和劳动纠纷调处，依法处理劳动关系矛盾，把劳动关系的建立、运行、监督、调处的全过程纳入法治化轨道。公正合理是强调构建和谐劳动关系要公平合理满足劳动者多元化的利益诉求，维护劳动者的经济权益、政治权益、文化权益、社会权益，保障劳动

者的劳动报酬、休息休假、劳动安全卫生保护、社会保险等基本权益。互利共赢强调劳资共建共享，构建和谐劳动关系要协调好企业发展和维护职工权益的关系，调动劳动关系主体双方的积极性、主动性，实现企业和职工协商共事、机制共建、效益共创、利益共享的劳动关系。和谐稳定是和谐劳动关系发展一直以来追求的目标，构建和谐劳动关系最基础的工作就是维护劳动关系的稳定，预防和化解劳资矛盾、实现劳动关系稳定发展是目前党和政府构建和谐劳动关系的重要工作。

构建和谐劳动关系具有四大目标，那么在这四大目标背后，党和政府的基本理念是什么？我们认为构建和谐劳动关系的基本理念体现在以下三个方面：

第一，社会主义意识形态。劳、资、政三方主体享有怎样的价值理念，一直是劳动关系研究最为核心的主题之一。共享的价值理念是约束三方主体行动的最基本规范，也是劳动关系制度建立的基础。构建和谐劳动关系，同样需要明确劳动关系运行的价值理念。在整个构建和谐劳动关系中，我们可以看出，党和政府一直要求坚持社会主义意识形态。习近平同志在2011 年的讲话中对构建和谐劳动关系做了总结。他指出，构建和谐劳动关系，是坚持中国特色社会主义道路、贯彻中国特色社会主义理论体系、完善中国特色社会主义制度的重要组成部分。

所以，社会主义意识形态是构建和谐劳动关系的指导思想和基本价值理念。在和谐劳动关系的制度建设与实践运行中，坚持党的领导、社会主义市场经济和社会主义民主政治等政治理念是最基本的价值理念。具体来说，构建和谐劳动关系中的社会主义意识形态体现在三个方面：一是党的领导。不论是构建和谐社会还是构建和谐劳动关系，党要总揽全局。二是社会主义市场经济。中国特色和谐劳动关系的构建，是在社会主义市场经济当中运行的。所以，公有制为主体、多种所有制经济共同发展的基本经济制度，适应市场经济要求的现代企业制度，按劳分配为主体、兼顾效率与公平的收入分配制度，政府经济调节与市场监管相统一，这些社会主义市场经济的特征是构建和谐劳动关系的基础。三是以人为本的基本价值理念。作为社会主义国家，在构建和谐劳动关系中，党和政府要求坚持的基本原则是以人为本，即把解决广大职工最关心、最直接、最现实的利益问题，切实维护其根本权益作为构建和谐劳动关系的根本出发点和落脚点。

每个国家的劳动关系制度与规范都有其价值理念和意识形态。中国特色和谐劳动关系与欧美市场经济国家相比，在价值理念与制度规范上都有较大的差异。所以，只有准确把握中国特色和谐劳动关系的价值理念，才能更好地理解和把握和谐劳动关系的政府规制与具体制度体系。

第二，经济发展与社会发展的平衡。《意见》在表述构建和谐劳动关系的意义时提出，目前全国劳动关系总体上保持和谐稳定，但是，我国正处于经济社会转型时期，劳动关系矛盾已进入凸显期和多发期，劳动争议案件数量居高不下，有的地方拖欠农民工工资等损害职工利益的现象仍较突出，集体停工和群体性事件时有发生。从这一表述可以看出，构建和谐劳动关系的一个重要意义在于如何在保证经济平稳增长的同时维护社会稳定。

目前中国经济发展进入新常态，整体经济增速放缓，经济下行压力加大，而且经济结构调整加快。经济发展面临的新矛盾和新问题，也使得和谐劳动关系建设面临新形势和新调整。在经济新常态背景下，随着经济结构调整的深入，一些粗放型、低效益、高能耗的企业需要关停并转，一些工作岗位将被调整，部分劳动者面临转岗再就业问题；随着经济结构转型升级，劳动就业转移、分化，会加大不同群体收入分配差距，在一定程度上增加一些人的不公平感；随着创新驱动发展战略的实施，新行业快速发展，新业态快速出现，劳动关系更加复杂多样。所以，整个劳动关系领域矛盾较为凸显，群体性事件也时有发生。

在经济发展新常态下，保持经济发展与社会稳定之间的平衡，是构建和谐劳动关系的一个重要价值理念。所以在和谐劳动关系建设中，要通过制度建设和具体措施来促进双方的发展。要优化企业发展的环境，同时也要不断加强对劳动者权益的保护。构建中国特色和谐劳动关系要不断完善“劳企两利”的劳动关系政策和制度，通过加强劳动关系双方的合作、协商、协调和依法调处来预防、化解矛盾，以此达到经济发展和社会稳定的平衡。

第三，企业发展与劳动者权益保护的均衡。如何协调和统筹促进企业发展与维护劳动者权益之间的关系，是构建中国和谐劳动关系的一项重要工作原则。《意见》明确提出：构建中国特色和谐劳动关系要统筹处理好促进企业发展和维护职工权益的关系，调动劳动关系主体双方的积极性、主动性，推动企业和职工协商共事、机制共建、效益共创、利益共享。

在这一表述背后，对于企业和劳动者之间的关系，党和政府设定了基本的价值理念，即劳动关系双方在根本利益上是一致的，劳动关系领域存在的一些矛盾，是在根本利益一致基础上的具体利益差别的矛盾，属于人民内部矛盾。但是由于目前中国企业数量众多，不同所有制企业、不同规模企业以及不同用工方式并存，直接决定了劳动关系的多样性，同时也使劳资双方的关系较为复杂。特别是近年来，随着法治建设的不断进步，劳动者的诉求日益多元化，劳动者的维权意识逐步增强。劳动者不仅关注法定权益的实现，而且要求增加工资和改善劳动条件、共享发展成果的愿望更加强烈，权利诉求和利益诉求同时出现。所以，如何实现企业发展和维护劳动者多元化诉求之间的平衡，就成为构建和谐劳动关系要解决的一系列制度设计和具体措施实施的问题。从目前党和政府构建中国特色和谐劳动关系的基本框架、制度设计、工作机制与工作格局等方面来看，其背后都体现出党和政府构建和谐劳动关系的一个基本理念，即企业发展与劳动者权益维护之间需要达到平衡。

为构建规范有序、公正合理、互利共赢、和谐稳定的和谐劳动关系，党和政府立足中国特殊的国情，提出了构建中国特色和谐劳动关系的总体设想与基本理念。与欧美市场经济国家相比，中国构建和谐劳动关系的经济基础是社会主义市场经济，同时在国家和政府的角色与职能方面也存在着巨大差异。美国、英国和欧洲其他强调集体谈判的国家，它们在劳动关系制度建设中强调劳资之间的事宜由劳资双方通过集体谈判进行解决，政府作为第三方，尽量不进行干预。但在中国特色和谐劳动关系建设中，党和政府起到关键性作用，成为和谐劳动关系建设的核心主体，扮演着规范、约束以及直接干预的角色。

二、构建和谐劳动关系的工作机制

经过最近 10 多年的发展，构建和谐劳动关系逐步形成了党委领导、政府负责、社会协同、企业和职工参与、法治保障的工作体制。在这个工作体制中，我们能看出中国的劳动关系运行模式与欧美强调集体谈判的劳动关系模式存在较大的差异。

第一，党和政府主导劳动关系的机制建设与实践运行。根据《关于构建和谐劳动关系的意见》的规定，构建和谐劳动关系要进一步加强党和政府的领导：各级党委和政府要建立健全构建和谐劳动关系的领导协调机制，形成全社会协同参与的工作合力。各级党委要统揽全局，把握方向，及时研究和解决劳动关系中的重大问题，把党政力量、群团力量、企业力量、社会力量统一起来，发挥人大监督、政协民主监督作用。各级政府要把构建和谐劳动关系纳入当地经济社会发展规划和政府目标责任考核体系，切实担负起定政策、作部署、抓落实的责任。完善并落实最低工资制度，在经济发展基础上合理调整最低工资标准。各级人力资源社会保障等部门要充分履行职责，认真做好调查研究、决策咨询、统筹协调、指导服务、检查督促和监察执法等工作。从这一表述中可以看出，党和政府是构建和谐劳动关系的核心主体，并且是领导和统筹协调劳动关系制度的主体。在劳动关系实践运行中，党和政府是主导力量。构建和谐劳动关系成为地方党委和政府促进社会治理与社会协同发展的重要组成部分。

第二，工会、企业组织等是协同力量。《关于构建和谐劳动关系的意见》规定，各级工会要积极反映职工群众呼声，依法维护职工权益，团结和凝聚广大职工建功立业。各级工商业联合会、企业联合会等企业代表组织要积极反映企业利益诉求，依法维护企业权益，教育和引导广大企业经营者主动承担社会责任。作为劳动关系最为核心的主体，工会组织和雇主组织在构建和谐劳动关系中是协同力量。工会作为劳动者一方的代表，在构建和谐劳动关系过程中，维护劳动者权益是其基本职责。所以，全国总工会要求，各级工会要切实履行维护职工合法权益的基本职责，自觉把工会维权工作纳入党政主导的维护群众权益机制。依法保障职工的劳动就业权利、获得劳动报酬的权利、休息休假的权利、获得劳动安全卫生保护的权利、享受社会保险的权利和接受职业技能培训的权利。企业代表组织作为企业利益的代表，党和政府要求要加强基层企业代表组织建设，支持企业代表组织参与协调劳动关系，充分发挥企业代表组织对企业经营者的团结、服务、引导、教育作用。

第三，企业和劳动者共同参与。在党和政府主导的和谐劳动关系构建中，企业和劳动者作为两大核心主体也共同参与进来。对于劳动者，《关于构建和谐劳动关系的意见》认为，党要加强对职工的教育引导，引导职工树立正确的世界观、人生观、价值观，追求高尚的职业理想，培养良好的职业道德，增强对企业的责任感、认同感和归属感，爱岗敬业、遵守纪律、诚实守信，自觉履行劳动义务。加强有关法律法规政策宣传工作，在努力解决职工切身利益问题的同时，引导职工正确对待社会利益关系调整，合理确定提高工资收入等诉求预期，以理性合法形式表达利益诉求、解决利益矛盾、维护自身权益。对于企业，党和政府教育引导企业经营者积极履行社会责任。加强广大企业经营者的思想政治教育，引导其践行社会主义核心价值观，牢固树立爱国、敬业、诚信、守法、奉献精神，切实承担报效国家、服务社会、造福职工的社会责任。教育引导企业经营者自觉关心爱护职工，努力改善职工的工作、学习和生活条件，帮助他们排忧解难，加大对困难职工的帮扶力度。

在整个工作格局中，党和政府成为构建和谐劳动关系的主导力量。与欧美国家强调集体谈判的劳动关系模式相比，在中国特色和谐劳动关系中，党和政府的角色与职能都与其具有较大的差异。党和政府不仅承担了“第三方”制度制定者的角色，而且还要承担整个劳动关系管理的角色。

第三章

构建和谐劳动关系背景下的政府规制

作为政府规制最为核心的内容，劳动关系政策是本章将要研究的主要内容。中国劳动关系政策近30年得到了快速发展，随着《劳动合同法》《劳动争议调解仲裁法》以及《社会保险法》等法律的颁布与实施，中国围绕劳工标准构建了一套具有中国特色的劳动关系政策体系。与欧美国家相比，中国在构建劳动关系政策的道路与框架体系上与之都存在着较大的差异：美国自20世纪30年代以来，劳动关系政策是以工会和集体谈判为核心内容构建的，但是中国劳动关系政策在集体劳工权利方面的立法进程仍然较为缓慢，保障劳动者集体权利的法律法规也不够完善。

自20世纪80年代以来，中国劳动关系政策经历了一场历史性的转变，从计划经济体制时期国家统一劳动计划与管理的政策，转向了以市场化的劳动关系为核心的政策体系。在欧美国家，劳动关系政策主要是为了解决劳工问题（巴德，2005、2007），但是中国为了配合劳动力市场的建立与发展，劳动关系政策除了实现劳工权益保护的目标之外，另一个需要解决的核心问题是劳动关系的市场化。所以，在市场转型时期，劳动关系的市场化和解决劳工问题成为中国劳动关系政策的两大核心目标。

本章将以这两大核心政策目标为逻辑线索来梳理中国劳动关系政策的发展历程与策略选择。将回答以下几个问题：第一，围绕这两个核心目标，中国构建了哪些政策与制度？第二，在改革开放以来的 40 多年中，劳动关系政策在不同时期要解决的重点问题分别是什么？第三，目前劳动关系政策存在哪些缺陷与问题？第四，如何完善和发展劳动关系政策体系？

第一节 劳动关系政策文献述评

劳动关系政策作为社会政策的一部分，是由政府制定的用以保障劳动者基本权益的各类法律、法规和条例等。[①]根据佟新的界定，劳工政策要求包含两方面内容：一是要解决劳动者需要解决的公共问题，如劳动时间、劳动保护、劳动安全、最低工资标准等社会控制问题，可称为劳工政策的“控制性”；二是要有能力和具体的办法解决社会存在的损害劳动者权益的公共问题，可称为劳工政策的“效能性”（佟新，2008）。如果按此界定，劳动关系政策的核心目标就在于通过立法解决劳工问题。乔健在界定劳工政策时也做出了类似的表述，他认为，狭义的劳工政策一般是指由国家向劳动者提供的制度化的权益保障和服务，广义的劳工政策可延伸到那些对劳工问题有重要影响的政治、经济及社会政策方面（乔健，2005）。所以无论是从狭义还是广义的角度进行界定，劳工政策的核心目标都在于解决劳工问题。但是，中国的劳动关系政策还面临着工业化和市场化转型的问题，促进劳动力市场的发展也成为其核

---

① 乔健认为，从劳工政策的内容来看，可以将其划分为劳动关系政策、劳动条件政策、劳工福利保障政策、劳动环境政策、劳动监察政策、就业安全政策五种类型。参见乔健．加强对转型时期劳工政策的研究．中国劳动关系学院学报，2005（3）。他把劳工政策与劳动力市场政策和劳动政策进行了区分。但是，在国外学者的论述当中，对劳工政策的界定都较为模糊，即认为解决劳工问题的政策都属于劳工政策。所以，在本书中，我们基本上把劳工政策等同于劳动关系政策。

心目标之一。因此，在以往分析中国劳动关系政策的文献当中，学者们通常会用“劳动力市场政策”来取代“劳动关系政策”。概念的混用充分说明在市场转型时期，劳动关系政策的侧重点主要放在制定和完善劳动力市场规则方面，目的在于促进劳动力市场自由化和高效率运行。

那么，我们到底该如何来研究中国的劳动关系政策呢？[①] 国外研究劳动关系政策的文献偏重于具体国度的政策与制度。例如，在美国学者的研究中，他们侧重于研究 1935 年以来的集体谈判制度、平等就业制度以及公平劳动制度（Kochan, Katz, 1988; Budd, 2004）。[②] 用这些国外的研究成果来分析中国劳动关系政策存在着一定的欠缺，具体原因有两点：其一，中国与欧美市场经济国家的劳动关系政策发展历程存在着巨大的差异；其二，对欧美国家具体政策的研究成果难以从总体上把握中国劳动关系政策框架与体系。所以，我们在分析中国劳动关系政策时，将政策要解决的问题和要实现的目标作为分析的切入点，具体研究政策在不同阶段是如何解决现实问题的，即如何解决劳动关系的市场化与劳工权益保护这两个问题。

① 佟新（2008）把近年来研究劳工政策和劳工研究的理论归纳为四个方面：第一，公民权/公民社会视角和法制建设；第二，劳工研究的文化视角和共同体的建立；第三，阶级视角和加强工会的谈判能力；第四，后现代主义视角和差异政治。她认为这些理论对劳工政策具有不同的优先权取向，有的强调立法建设，有的强调工会建设，有的要求增加话语权，有的强调平等待遇。从佟新的总结中可以看出，这四种研究视角更侧重于研究中国的劳工问题，而缺乏对政策的具体研究，所以这四种视角的研究对劳动关系政策研究，其可借鉴之处都非常有限。

② 托马斯·寇肯（T. A. Kochan）和哈里·卡茨（H. C. Katz）在多本著作中论述了美国的劳动关系制度和政策，但分析的重点都在于美国的集体谈判制度（Kochan, 1980; 1992; Kochan, Katz, McKersie, 1986; Kochan, Katz, 1988）。另外，目前美国的巴德在分析美国劳工政策时，分析了美国政策的两大基础，一个是劳工标注政策；另一个是集体谈判制度（Budd, 2004）。

关于中国劳动关系政策促进劳动关系市场化的目标，学界已给出了很多分析。弗里德曼（Eli Friedman）和李静君（Ching Kwan Lee）认为，在过去30多年的时间里，雇佣的商品化和短期化贯穿于中国雇佣关系的整个改革过程。[①]他们还认为，在计划经济转向市场经济转型的过程中，中国首先要解决的问题是要建立市场经济。作为建立和完善市场经济的配套制度，劳动关系政策的基本任务和目标是要解决劳动关系市场化的问题，但中国一味强调经济的发展，也带来了劳动关系短期化的问题。沃纳（Malcolm Warner）在其主编的《中国经济中工作关系的变迁》（*Changing Workplace Relations in the China Economic*）一书中认为，[②] 1978年改革开放之后，中国首先要解决的问题就是如何打破“铁饭碗”，从计划经济时期的单位制转向市场化的契约用工制度。这种转变不仅体现在中国劳动关系政策的转型中，而且直接影响到工作场所中人力资源的管理工作（1995）。同样，岳经纶（Ngok Kinglun）以1994年的《劳动法》和2007年的《劳动合同法》为分析重点来研究中国劳动关系政策和劳动立法的市场化转型（2007）。他认为，推动中国劳动关系政策转型的巨大动力来自20世纪70年代末80年代初的失业危机，国家为解决失业危机逐渐释放了对劳

---

① 弗里德曼和李静君（2010）认为，在过去30多年的时间里，雇佣的商品化和短期化贯穿于中国雇佣关系的整个改革过程。市场化和短期化的发展过程一方面导致传统计划经济时期的社会契约关系转向了市场化的劳动关系，在此过程中工人丧失了工作保障和计划经济时期的福利；同时另一方面，市场化和短期化又引发了一定程度上局部的劳工反抗行为。

② 沃纳这本书论述的主题是，在中国经济转型中，中国劳动关系如何从“铁饭碗”的用工制度和单位制体制转向市场化的劳动关系。此书编著于1995年，分析的是中国劳动关系的变化对企业人力资源管理的影响。尽管分析的是人力资源管理，但也很好地总结了劳动关系政策从计划经济时代向市场经济的转变。

动力流动的控制与工作分配。自此之后的 20 多年，中国劳动关系政策最重要的变迁是市场化的劳动合同关系替代了终身雇佣关系，劳动力市场替代了国家工作分配。

西蒙·克拉克（Simon Clarke）等人在 2004 年的一篇文章中表述了同样的观点，他们认为，中国劳动关系的改革可以视为用劳动合同规范替代了行政管理规范（Simon Clarke, Chang - Hee Lee and Qi Li, 2004）。为了建立市场经济和进入全球市场，中国政府对传统行政管理的劳动关系规范进行了拆分，建立了一套新的制度规范，即市场化的劳动合同规范体系。这套新的劳动关系规范体系主要体现在三个方面：劳动关系的合同制度、劳动争议处理的三方机制以及工会与雇主之间的集体协商制度。这三项制度的目标是一致的，即要建立适合市场经济的劳动关系规范体系。

在上面的文献中，学者们的观点较为一致，都认为中国劳动关系政策转型的主要目标是要实现劳动关系的市场化。但是，按照国外劳动关系政策的界定，劳动关系政策的核心目标在于解决劳工问题。那么，改革开放以来中国劳动关系政策的转型是如何来处理这两大目标及其关系呢？

弗里德曼和李静君认为，劳动关系的市场化必然会带来劳工的不满和反抗，所以国家通过劳动法律和调解仲裁的机制来实现劳动冲突得到个体化和制度化的解决。劳动立法和劳动关系制度的构建是国家规范和控制劳工反抗的策略，国家通过立法的途径来化解劳工反抗，从而维护社会的稳定（2010）。在他们的分析中，劳动关系政策改革的主要目标是要实现劳动关系市场化，同时也要通过立法的形式来控制劳工的反抗。他们把劳工问题视为劳工反抗，所以劳动关系政策的两个目标是一致的，解决劳工反抗问题就是为了更好地实现劳动关系市场化。劳动关系政策起不到维护劳动者权益的作用。

与他们观点相类似的是，有些学者认为，劳动关系政策改革的首要目标是实现劳动关系市场化，但同时也要实现维护社会稳定和促进经济发展的目标。克拉克等人（2004）认为，在新的市场化劳动关系规范中，劳动法律和政策必然要考虑是否与发展市场经济相适应。国家在建立市场化劳动关系规范的同时，也加强了国家对劳工的控制，通过控制劳动关系规范，起到维护社会稳定和促进经济发展的作用。

还有一种和上面两种不太一致的观点认为，中国劳动关系政策的改革是在寻求劳动关系市场化和个体权益保护的平衡。在岳经纶看来，新的劳动关系政策体系中，劳工政策对劳动关系的治理职能得到了加强。在促进经济发展和维护社会稳定这两个大前提下，劳动关系政策一直在寻求稳定劳动关系市场化改革和保护劳工权益的平衡（2007）。①但是，决策者们都容易把劳工问题简化成经济问题或人力资源问题，把劳动政策等同于就业政策，或者说把劳动政策主要理解为就业政策，因此必须重新思考转型期的劳动关系政策，把劳动关系政策的重心放在劳工权益的保护上。

通过对文献的梳理，笔者发现，对于劳动关系政策促进劳动关系市场化这一目标，学界存在着普遍的共识，但对于解决

① 岳经纶在2007年的另一篇文章中也表述了类似的观点，他认为：就整体而言，在市场化、工业化和全球化的冲击和制约下，中国的劳动关系政策在资本与劳工、效率与公平、发展与稳定之间左冲右突，艰难地寻求平衡，但是，市场转型期中国劳动关系政策的主要问题是对劳动问题缺乏前瞻性和整合性的回应，没有切实保障劳工权益。

劳工问题的目标却存在着一定的争议。对于以上观点，笔者认为都存在着一定偏颇。第一，忽视了劳动关系政策对劳工权益的保护。李静君和克拉克等人仅看到了劳动关系政策对基层产业秩序进行规范的作用，却没有看到自1994年以来，劳动关系政策对劳工权益的保护，特别是《劳动法》《劳动合同法》《劳动争议调解仲裁法》《就业促进法》等相关法律法规对劳动者权益的保护。第二，对劳工权益保护的分析过于模糊。岳经纶等虽然看到了目前劳动关系政策对劳动者权益的保护，但是未对劳动者个体权益保护和集体权益保护进行详细的区分和分析。第三，以上研究未对劳动关系政策在过去30多年的发展历程进行区分。这些学者在分析中都把劳动关系政策视为一成不变的，实际上在不同的时期，中国劳动关系政策要解决的问题存在一定差异。

所以，在文献分析的基础上，我们对研究当前劳动关系政策提出三点基本假设：第一，劳动关系市场化和劳工权益保护是劳动关系政策要解决的两大基本问题；第二，要把劳动关系政策的发展历程进行阶段性划分，在不同阶段，劳动关系政策要解决的核心问题是不一样的；第三，劳动者权益保护要分为个别劳动权益保护和集体劳动权益保护，现有的劳动关系政策重点关注个别劳动权益保护，一定程度上忽视了集体劳动权益保护。

第二节　劳动关系政策发展的三个阶段与核心目标

根据上述三个基本假设，我们对劳动关系政策发展的不同阶段以及要解决的重点问题进行初步界定。第一阶段，1978—1993年，劳动关系政策主要解决的问题是劳动关系市场化。

第二阶段，1994—2001 年，劳动关系政策主要解决的问题仍然是劳动关系市场化，同时开始解决个体劳动权益保护的问题。第三阶段，2002 年至今，劳动关系的市场化基本实现，劳动关系政策主要解决个体劳动权益保护的问题，同时开始解决集体劳动权益保护问题。

第一阶段，1978—1993 年。改革开放初期，为配合国有企业改革和市场经济建立，国家在劳动就业、劳动用工、劳动报酬、社会保险与福利以及劳动关系等劳动领域进行了改革，颁布了一系列相关的政策。这一时期的劳动关系政策仅作为市场经济改革的配套政策出现，只属于广义上劳动政策的一部分。所以，这一阶段的劳动关系政策要解决的核心问题是促进劳动关系市场化，配合国有企业用工制度改革和劳动力市场的建立。

自 20 世纪 50 年代以来，我国在国有企业逐步建起了一套“固定工”的用工制度，职工和单位、国家之间形成的是一种终身固定的隐性社会契约关系（李琪，2003）。① 20 世纪 80 年代劳动关系政策改革的直接目的在于建立劳动力市场，并在此基础上构建市场化的劳动关系，从而改变国家、单位和职工利益一体化的用工模式，打破国家统筹统包的就业、管理与收入分配的劳动制度（常凯，2009）。②这一阶段劳动关系政策改革

---

① 李琪（2003）在《改革与修复：当代中国国有企业的劳动关系研究》一书中对国有企业劳动关系进行了较为系统的研究，并且分析了国有企业劳动关系从一体化的模式向“无组织专制”的转变。当然，此书著于 2003 年，所以对当前的劳动关系特征以及劳动关系政策的分析存在一定的欠缺。

② 常凯（2009）在书的总论中对劳动关系的市场化转型进行了较为系统的分析，并具体分析了国有企业、私营企业和外资企业的不同特征，最后，他认为这些不同所有制企业经过所有制改革之后，劳动关系呈现出趋同化的现象，即都向市场化转变。

主要体现在劳动合同制度的试行与初步发展上。早在 1983 年，当时的劳动人事部就颁布了《关于积极试行劳动合同制的通知》，这一规章开启了劳动合同制度的改革，在全国开始试行劳动合同制度。此次推动劳动合同制的目的在于："试行劳动合同制的根本目的，就是打破'铁饭碗''大锅饭'，真正实行'各尽所能、按劳分配'的社会主义原则，充分调动人们的社会主义积极性，解放生产力。"①所以，当时推动劳动合同制度的核心目的在于打破传统的"固定工"用工制度，改革分配平均主义的"铁饭碗""大锅饭"弊端，解放生产力，促进经济发展。

时隔 3 年，国务院于 1986 年 7 月颁布了《国营企业实行劳动合同制暂行规定》（以下简称《规定》）。《规定》明确规定，在国营企业新招用的工人中推行劳动合同制度，使企业可以根据生产的需要确定对劳动力的需求，当劳动合同期满，企业可以根据需要，延续或终止合同。《规定》第二条规定，用工形式由企业根据生产、工作的特点和需要确定，可以招用五年以上的长期工、一年至五年的短期工和定期轮换工。不论采取哪一种用工形式，都应当按照本规定签订劳动合同。企业招用一年以内的临时工、季节工，也应当签订劳动合同。并且，不仅要在国营企业推行劳动合同制度，国家机关、事业单位和社会团体在常年性岗位上招用的工人也应当执行劳动合同制度。当时国务院推动劳动合同的核心目标仍在于"增强企业的活力，充分发挥劳动者的积极性和创造性"，所以，这一阶段劳动合同制度仍然是国有企业改革和劳动力市场的配套

① 详见《关于积极试行劳动合同制的通知》第二条。

政策。

到 1992 年，劳动部又颁布了《关于扩大试行全员劳动合同制的通知》（以下简称《通知》）。在 1986 年的《国营企业实行劳动合同制暂行规定》中，还是实行“老人老办法，新人新办法”的原则，即新招用的职工实行劳动合同制度，而对固定工没有硬性的要求。但是，1992 年的《通知》要求企业试行全员劳动合同制。《通知》明确规定：试行全员劳动合同制，重点是在国营大、中型企业和新建国营企业，其他有条件的企业也要积极试行。在企业内部，试行全员劳动合同制的范围包括企业干部、固定工人、劳动合同制工人及其他工人。试点企业中新进的职工，包括按国家规定统一分配的大、中专毕业生，城镇复员退伍军人，军队转业干部以及外单位流动进入企业的原固定职工等均试行全员劳动合同制。试行全员劳动合同制是为了适应社会主义有计划商品经济发展的需要，有利于搞好国营大、中型企业，合理配置劳动力，保障企业和职工的合法权益，维护职工的主人翁地位，调动企业和职工的积极性，提高劳动生产率和经济效益，推动生产力发展。从这一表述也可以看出，推动劳动合同制度的核心目标仍未发生根本性变化。

第二阶段，1994—2001 年。20 世纪 90 年代初期，中国的市场经济初步建立时，随着现代企业制度的推行与私营经济的发展，工作单位不再是职工“依附型”的组织，无论是国有企业还是私营企业都变成了“无序专制”的霸权组织（Ching Kwan Lee，1999）。根据李静君的研究，她认为进入社会主义市场经济初期的企业已超越了华尔德（Andrew Walder）研究的“新传统主义”下的单位，企业在用工、劳动报酬以及解雇工人时都存在着随意性，工人已不再是企业的“主人翁”，劳动力仅是劳动力市场中的商品而已，劳动者的权益在一定程度上受到了损害（Lee，1999）。所以，从 1994 年开始，中国的劳动关系政策有了重大转向，在继续推动劳动关系市场化的同时，开始关注劳动者权益的保护。但是，中国这一时期的市场经济仍然处于不完善的阶段，国有企业在 1997 年之后又加大了改革的力度，在“下岗分流、减员增效”的政策导引下，劳动关系政策仍然继续保留着促进劳动关系市场化的功能。因此，这一阶段劳动关系政策主要解决两个方面的问题：其一，劳动关系的市场化；其二，保护市场经济中劳动者的权益。

这一阶段主要以 1994 年《劳动法》等法律法规的颁布为标志。《劳动法》第一条明确规定了该部法律的宗旨，即为了保护劳动者的合法权益，调整劳动关系，建立和维护适应社会主义市场经济的劳动制度，促进经济发展和社会进步，根据宪法，制定本法。该条明确规定了《劳动法》实施的是对劳动者权益“单保护”的宗旨，也说明中国的劳动关系政策回到了国际上普遍采取的保护劳动力市场中劳动者权益的轨道上来。在《劳动法》的具体规定中，劳动者享有一系列的权利保护，如《劳动法》第三条规定，劳动者享有平等就业和选择职业的权利、取得劳动报酬的权利、休息休假的权利、获得劳动安全卫生保护的权利、接受职业技能培训的权利、享受社会保险和福利的权利、提请劳动争议处理的权利以及法律规定的其他劳动权利。从这一规定也可以看出，《劳动法》要在当时社会经济背景下对劳动者权益进行一定程度上的保护。《劳动法》既扭转了 20 世纪 90 年代初期劳动者的受损局面，同时也奠定了直到今天的整个劳动关系政策的基准。它不仅有效地保护了劳动者权益，而且也对中国市场经济的完善与发展起到了重要的作用。

除了《劳动法》，这一阶段国家还颁布了一系列法律法规对劳动者的工资、工时、劳动安全与卫生权益以及女职工和未成年工权益进行保护。例如，1994 年劳动部发布了《工资支付暂行规定》，旨在维护劳动者获取劳动报酬的权利，并规范用人单位的工资支付行为。1995 年国务院颁布了《关于职工工作时间的规定》，规定了劳动者每日工作 8 小时、每周工作 40 小时的制度，以维护劳动者的休息权利。自 1992 年以来，国家相继颁布了《矿山安全法》《矿山安全法实施条例》以及《职业病防治法》等法律法规，保护劳动者获得劳动安全卫生的权利。另外，国家还颁布了《女职工权益保护法》《未成年工特殊保护规定》等，对女职工和未成年工实施特殊保护。这些法律法规从劳动者权益的各个方面进行了具体规定，对社会主义市场经济中劳动者的权益起到了有效保护作用。

20 世纪 90 年代中后期，中国劳动关系的市场化并没有全部完成。1998 年，中国又开始大范围实行“下岗分流、减员增效”的国有企业改革，用以推动劳动关系的市场化。所以，中国劳动关系政策在解决劳动者权益保护问题的同时，仍然要解决劳动关系市场化的问题。在这一阶段，劳动合同制度实现了巨大的突破。1994 年劳动部发布了《关于全面实行劳动合同制度的通知》，在 1992 年全面试行劳动合同制度的基础上做了进一步发展，明确规定了要在企业实行全员劳动合同制度，改变固定工的用工制度。在此基础上，劳动部又于 1995 年和 1996 年相继发布了《关于贯彻执行劳动法若干问题的意见》和《关于实行劳动合同制度若干问题的通知》，这两个文件对企业各种特殊人员，包括企业党委书记、厂长、停薪留职工人和临时工签订劳动合同的问题都做了具体规定。这些劳动关系政策的颁布大大促进了劳动合同制度的发展，有力地推动了劳动关系的市场化进程。

第三阶段，2002 年至今。进入 21 世纪，随着国有企业改革的深入开展和统一劳动力市场的发展，劳动关系市场化基本完成。中国劳动关系的运行机制已经初步实现了从以政府为主体的行政控制到以企业为主体的市场调节的转变。这种转变主要表现为：劳动关系归属企业化、劳动关系调节市场化和劳动关系规范契约化（常凯，2009）。但是，劳动者劳动权益受损的状况并没有得到根本改善，所以，自 2002 年开始，国家加大了劳动关系政策的推行力度，颁布了一系列法律法规。这一阶段的劳动关系政策所要解决的核心问题不再是劳动关系市场化的问题，而是保护劳动者权益的问题。当然，这一阶段劳动者权益的保护也不再局限于个体劳动者权益的保护，同时开始关注集体劳动权益保护的问题。

回顾劳动关系政策的发展历程，我们看到，劳动关系政策在不同时段所要解决的核心问题是不一样的。在进入 21 世纪之前，劳动关系市场化和保护劳动者权益一直是两大核心问题，但不同的历史阶段所要解决问题的侧重点存在着一定的差异。当劳动关系市场化基本完成之后，劳动关系政策所要解决的核心问题便转向了劳动者权益保护，劳动关系政策也从改革初始的市场经济配套政策转向了劳工政策。当然，目前劳动关系政策对劳动者个体权益进行了较为全面的保护，对集体劳动权益的保护在一些方面仍然存在着欠缺与不足。

第三节　个体劳动权益与集体劳动权益

从1994颁布《劳动法》伊始，中国劳动关系政策就开始着手解决劳动者权益保护问题，但保护劳动者权益的劳动关系政策实施了20多年，为什么目前个体劳动者权益受损现象仍然严重？劳动关系领域中的问题不断凸显，无疑暴露出目前劳动关系政策在解决劳工问题时陷入了困境。那么到底是劳动关系政策设计本身出现了问题，还是劳动关系政策在实施中出现了问题呢？

吴忠民认为，目前中国的现代型劳动政策框架基本形成，但现阶段仍然存在明显的不足之处。这种不足具体表现为：其一，劳动政策的体系化程度较低，即集体劳动政策和雇主组织政策存在不足；其二，劳动政策缺乏统一性和公平性；其三，劳动政策的执行和落实不力，劳动政策的具体实施状况同劳动政策的规定之间存在落差（2009）。乔健也认为，中国转型时期的劳工政策体系已经形成，但其对劳工权益的保护是初步的和低水平的，特别是进城务工的农民工、弹性就业人员及下岗失业人员等社会弱势群体的权益保护亟待加强（2005）。[①]

从上面两位学者的分析当中可以看出，学界在分析和解释

---

① 之所以做出这样的评估，是因为乔健（2005）从政策的覆盖范围和实施效果两个方面做出了评估，具体表现在：其一，劳动合同制度覆盖范围主要在城镇，对乡镇企业和进城农民工还存在较大空白；其二，劳资工资集体协商制度的实施范围和力度非常有限；其三，集体协商制度有待进一步完善，劳动监察制度难以发挥应有作用；其四，劳动争议处理制度存在许多制度设计上的缺陷。

当前劳动关系政策的问题时，普遍存在两大不足。具体表现为：其一，把劳动关系政策制度设计缺陷与政策实施中出现的问题混淆，这样一来，我们很难辨识目前到底是制度设计本身出现了问题，还是制度实施过程中出现了问题；其二，把劳动关系政策对劳动者个体权益的保护与集体权益的保护混在一起分析，从而无法对目前的政策做出客观的评价。

我们认为，要解释清楚目前劳动关系政策存在的困境，需要注意以下几点：第一，要把劳动关系政策设计缺陷与政策实施中的问题区分开来。虽然这两大问题在内部紧密联系在一起，但是导致这两大问题的原因非常复杂，一旦混为一谈，就很难清晰且客观地评价目前的政策体系。第二，要把劳动关系政策对劳动者个体权益的保护与集体权益的保护区分开来。就目前政策体系来说，中国的劳工标准与国际劳工标准逐步接轨，也就是说，目前的政策体系对劳动者个体权益保护虽有不完善的地方，但保障的水平和范围与国际劳工标准差距并不大。目前中国的劳动关系政策存在的一大问题是，劳动关系政策没有有效地保障劳动者的集体权益。按照巴德的论述，自1935年“新政”以来，美国劳动关系政策以集体谈判和劳工标准为基准，集体谈判保障劳动者集体权益，而制定和实施劳工标准保障劳动者个别权益。所以，对比中美两国，目前中国劳动关系政策最为关键的问题在于集体劳动权益保护方面存在一定程度上的缺陷。

这种缺陷集中表现为中国劳动关系政策体系在一定程度上缺乏对集体劳权的保护。

关于集体谈判权的问题，尽管进入21世纪之后，中国加大了推动集体协商与集体合同制度的力度，但是目前对劳动者集体谈判权的保护还存在不完善的地方。中国的集体协商与集体合同制度目前存在的问题主要表现在：其一，立法层次太低。虽然劳动和社会保障部于2000年发布了《工资集体协商暂行规定》，2004年又修订了《集体合同规定》，并且《劳动合同法》就集体合同做出了专门的规定，但是，改革开放以来，中国还未就集体协商和集体合同颁布一部独立的部门法，立法层级仅停留在政府部门的规章层面上。其二，设立的协商层级过低，大部分协商都设立在企业层级。虽然相关政策中规定工会可以在企业、行业、区域各个层级上进行集体协商，但就目前的劳动关系政策来分析，集体协商的主要层级仍然是企业层级。从2009年开始，全国总工会推动全国实施区域性和行业性工资集体协商，但是就目前全总发布的几个文件来看，区域性和行业性工资集体协商的协商主体、协商代表选举程序、协商过程以及签订集体合同程序等，在制度设计上都存在着巨大的缺陷和不足。其三，对集体协商程序的规定过于简化和模糊。集体协商要经过反复多次的讨价还价，协商的过程实际也是双方求同存异、逐步达成共识、解决矛盾和分歧的过程（程延园，2005）。但是目前的政策法规对此的界定却过于简化，例如，在《集体合同规定》中，仅用第三十二条至第三十五条规定协商的程序，且其中真正规定程序的只有第三十四条、第三十五条，第三十二条、第三十三条均是为协商做准备的条文。第三十五条规定：集体协商未达成一致意见或出现事先未预料的问题时，经双方协商，可以中止协商。中止期限及下次协商时间、地点、内容由双方商定。从这一条款也可以看出目前中国集体协商制度在程序设定上的缺陷与不足。

虽然目前中国劳动关系政策关于劳动者集体权益保护存在

着巨大的缺陷和问题，但这并不能否定近年来其在劳动者个体权益保护方面的作用与功能。既然政策在劳动者个体权益保护方面取得了进步与发展，那么为什么目前中国劳动者的权益受损现象依然严重呢？我们认为，在集体劳动权益得不到有效保障的情况下，个体劳动权益也难以取得根本性的保障，只能依赖于外部力量来维护权益。这种外部的力量主要表现为：企业的自觉守法、国家劳动监察与行政执法、通畅的仲裁与诉讼渠道。但是，目前这三种外部力量在维护劳动者权益方面都遇到了问题。首先，企业的违法成本过低，当企业面对经济利益与劳动者权益保护的矛盾时，企业大多会选择前者，而违法的成本又非常低，要使企业自觉遵守劳动法律法规非常困难。其次，目前的劳动监察制度不完善与劳动监察力量薄弱，也使得劳动者依赖国家行政力量来维护权益变得非常困难。最后，尽管《劳动争议调解仲裁法》实施后，劳动仲裁和诉讼的渠道通畅了许多，但目前由于劳动仲裁与诉讼资源紧张、仲裁员队伍整体素质不高以及仲裁与诉讼衔接困难等问题，也使得仲裁与诉讼的渠道不够通畅，大部分劳动者很难通过仲裁与诉讼的渠道得到司法的救济。所以说，在劳动者的集体权益无法得到保障的情况下，劳动关系政策对个体劳动权益保护设计得再完善，劳工标准与国际劳工标准再接近，都很难全面保护劳动者的权益。当劳动者只能通过外部力量来维护权益时，这就要求劳动领域的外部制度建设更加完善并进行改革与创新，当然这已超出了劳动关系政策所涉及的范围。

通过梳理和回顾中国劳动关系政策发展的历程，我们会发现，它经历了几次重大的转变。如果笼统地去理解和分析劳动关系政策的发展，势必会形成一定的偏差。所以本章以劳动关系政策所要解决的问题为线索，把劳动关系政策发展历程划分成三个阶段来进行分析和理解。西方市场经济国家劳动关系政策所要解决的核心问题是劳工问题，但是，中国处于从计划经济向市场经济转型过程中，解决劳动关系市场化和劳工问题始终贯穿劳动关系政策发展的过程。进入 21 世纪后，中国劳动关系市场化已基本完成，劳动关系政策所要解决的核心问题全部转向解决劳工问题。

目前中国劳动关系政策在解决劳工问题时面临着巨大的困难，但是当我们要去解释和分析为什么劳工问题仍然未得到有效解决时，我们也要区分清楚劳动关系政策制度设计和制度实践的关系。我们不是要否认二者之间的关系——如一般所言，政策设计是好的，是制度实施出现了问题。在本章中，我们仅分析和评价劳动关系政策本身，而对于政策实施出现的问题，这是一个更为错综复杂的问题，所以本章没有对此进行更为深入的分析。只有把政策设计和政策实施区分开来，才能更为客观地评价和分析当前的政策体系。正如前文所分析的，当前的劳动关系政策设计在保障劳动者个体权益方面确实取得了较大的进步和发展，但是对于劳动者集体权益的保障却存在较大的缺陷。这充分说明目前的政策体系的不完整性，同时也反映出政策设计的起始点出现了一定的问题。仅有个体层面的权益保护而缺乏集体权益保护的政策，是无法从根本上保障劳动者权益的。当劳动者的维权意识越来越强，市场经济越来越发达，劳动力市场的国际化程度越来越高，中国劳动关系政策的缺陷就会暴露得越发明显。要想解决目前劳动关系政策的困境，完善和发展保障劳动者集体权益的政策就显得至关重要了。

第四章

政府规制的体系与治理困境

关于中国的劳工政策体系，尽管目前集体劳动关系层面的劳工政策还存在欠缺，但是劳动者与用人单位之间在个体层面上的劳工政策正趋向成熟。同时，我们也看到劳动关系运行在实践层面上仍然存在两个现实情况：第一，部分企业的用工仍然低于劳工标准，比如，克扣或无故拖欠劳动者劳动报酬、不依法参加社会保险或者不依法缴纳社会保险费、违反工作时间和休息休假规定、违反女职工和未成年工特殊劳动保护规定等违法用工现象依然存在；第二，劳动者与用人单位的劳动争议数量仍在增长，2011—2015 年，各地劳动人事争议调解组织和仲裁机构处理争议案件的数量分别为：131.5 万件、140.3 万件、149.7 万件、155.9 万件、172.1 万件。[①]

在中国特色的劳工政策体系下，劳动关系治理又体现出怎样的特色？这是本书关注的一个大问题。一方面，国家构建了协商、调解、仲裁以及诉讼的法律程序来调处劳资矛盾，同时我们也看到，在地方劳动关系治理过程中，政府又通过行政的、非常规的手段来化解劳资矛盾。那么，中国劳动关系治理体系背后的逻辑是什么？我们又该如何来概括它的特征？化解劳资矛盾的方式和手段之间的关系又是什么？这些问题都需要在学术上给出一定的回答。

---

① 资料来源于《劳动和社会保障事业发展统计公报》（2011—2015 年）。

所以，本章将围绕上述问题展开研究，并利用笔者在广东、天津、浙江、江苏、四川、吉林等地的实地调查资料进行具体分析。

第一节 劳动关系治理的两套体系

李静君和张永宏在2012年发表的《制造同意：基层政府怎样吸纳民众的抗争》和2013年发表的《不稳定的力量：中国议价权威主义的微观解释》（*The Power of Instability*：*Unraveling the Microfoundations of Bargained Authoritarianism in China*）两篇文章中，都描述了基层政府治理争议的一般性逻辑，他们认为，基层政府在日常维稳的工作中发展出三种策略：将争议中的讨价还价常规化、惯例化（物质上的让步）；设计和实施一套科层制游戏（程序同意）；在稳定和平安的口号下构建一个以信息和服务为导向的政府（道德领导）（2012，2013）。他们的研究对理解和解释基层政府的治理逻辑和策略具有很强的启发性，但是，如果借用他们的研究来理解和解释目前基层政府的劳动关系治理，仍然存在着不足，这具体体现在两方面：第一，他们忽视了基层政府治理劳动关系的"常规性"的调解、仲裁和诉讼等手段，仅看到了处理突发性事件的逻辑和策略，而没有描述整个地方政府治理劳动关系的全貌；第二，他们的研究过于强调基层政府的能动性，而忽视了法律法规对基层劳动关系的调处作用，在他们的分析中，法律与政策只是基层政府化解矛盾的一个手段而已。所以，研究和分析基层劳动关系治理体系时，应该全面地分析地方的治理体系，不能仅看到地方政府处理突发性事件的应急式处理逻辑和策略，还应该分析日常的、常规的法律体系和实践。在他们研究的基础上，作者认为目前地方的劳动关系治理体系中存在着两套治理体系，其一是常规化的法律法规的实施，其二是应急式的处理突发性事件的治理体系。

周雪光（2012）在《运动型治理机制：中国国家治理的制度逻辑再思考》一文中分析了中国政府治理体系的常规机制和非常规机制的区别。他从历史发展的角度出发，认为“国家治理主要建立在官僚制的常规机制之上，但官僚制度有着内在困难，而且这些困难在中国官僚制度特定形式下加剧放大，常常导致组织失败和危机。因此，国家治理过程中演变出运动型治理机制以应对之”。在此分类基础上，他提出：“常规机制与运动机制相互矛盾又相辅相成，只有在常规机制及其随之而来的组织失败背景下才能认识运动型治理机制的定位和意义……运动型治理机制正是针对常规型治理机制失败而产生的（暂时）替代机制或纠正机制。”

虽然周雪光的研究注意到常规治理体系与非常规治理体系之间的差异，但是如果套用周雪光的分析来研究劳动关系治理的两套体系，仍然无法解释清楚目前中国劳动关系治理的“特色”。运动型治理机制只是常规性治理机制的替代或暂时性替代机制，实际上，我们看到地方政府在处理劳动关系矛盾与问题时，是常规性的调解、仲裁和诉讼的法律治理体系与非常规的突发性群体事件治理体系并存。两套治理体系在处理的问题、参与的主体、处理的依据与原则、运行的逻辑以及机制等方面都存在差异。

在常规的劳动法律治理体系中，政府要治理的是劳工问题，治理的依据则是劳工法律规则与政策。这里的劳工问题包括两方面内容：一是劳工标准的问题，二是劳资矛盾的处理程序问题。所以，自1994年《劳动法》颁布以来，政府在20多年中为解决这两大劳工问题进行了劳工政策的构建。目前的劳工政策体系包括两方面内容，一是劳工标准的法律法规，包括《劳动法》《劳动合同法》《社会保险法》《最低工资条例》等关于劳动者工资、工时、劳动条件、社会保障等方面的法律法规；二是关于劳资矛盾的处理程序法律法规，包括《劳动争议调解仲裁法》《最高人民法院关于审理劳动争议案件适用法律若干问题的解释》等规定协商、调解、仲裁与诉讼法律程序的法律法规。从目前法律法规的具体内容来看，整个劳工政策体系主要解决的是个别劳动关系中劳工标准以及劳动者权利实现的问题。

在法律治理体系中，政府的主体和角色是明确的。在治理体系中，政府参与的主体包括劳动行政部门和司法部门（广义上的政府）。在劳动争议诉讼中，法院这一主体是明确的，而劳动行政部门则包含了人力资源和社会保障部门及仲裁部门。政府的角色也是非常明确的，政府在解决劳工问题、调处劳资矛盾时扮演的是“第三方”的角色，是劳资矛盾的调解、仲裁者。

政府在非常规的应急式治理体系中处理突发性群体事件的逻辑和机制与在常规性治理机制中存在着很大的差异。政府面对劳资冲突和矛盾时，考虑的不仅仅是劳资问题，也包括社会稳定问题。所以在李静君和张永宏的研究中，他们把拆迁引发的群体性事件和劳资群体性事件并列在一起进行分析，拆迁冲突和劳资冲突在性质上都可以界定为社会稳定事件，在此意义上，劳资矛盾已不仅仅是劳资的问题，在性质上已上升为社会稳定事件。在解决集体矛盾的维稳过程中，政府的治理依据就不仅仅是劳动法律法规和相关政策，还包括了大量非制度化的和非常规的手段与策略，如物质上的让步、科层制游戏以及政治口号等。

政府在处理劳资群体性事件中，不仅仅是第三方的调停者或仲裁者。在严格的政绩考核体制下，处理维稳事件与地方政府的政绩有着紧密联系。许多地区都制定了“一票否决制”，如果维稳事件处理不当，地方政府的政绩将会受到很大的影响。所以，在劳资群体性事件治理过程中，政府的利益、劳资双方的利益都是紧密联系在一起的，政府的角色已不再仅仅是第三方，而是涉及直接利益的参与者。故此，预防和及时化解劳资群体冲突的发生，成为地方政府治理的首要任务。在治理过程中，地方政府发展出涉及各个部门（包括劳动行政部门、工会、工商、税务、公安、法院、司法、信访以及社区等）的联动机制，一方面，各个政府部门联动，预防和监管劳资群体性事件的发生；另一方面，一旦出现劳资群体性事件，各政府部门联合迅速平息。在处理维稳事件的过程中，涉及的政府主体不仅仅是劳动法律法规当中的劳动行政部门和法院，也包括多个地方政府部门；处理的依据也不仅仅是劳动法律法规和其他劳工政策，而是根据事态的发展与当地的具体情况而定。所以，劳资群体性事件的维稳处理体系，既没有制度化，也没有形成固定的模式。近些年来，我们看到了各个地方各具特色的维稳经验总结，这说明整个国家并没有一套制度化和规范化的处理劳资群体矛盾的治理体系，地方政府在处理过程中有着很强的能动性，各个地方根据群体事件的事态发展、劳资力量对比以及当地的经济发展状况发展出各种具有特色的治理手段和方案。尽管不同地方的治理各具特色，但在各种特色中，我们仍然能观察到一些背后共同的运行机制和逻辑，我们将在后面的分析中具体做出说明。

第二节　场外权利救济式治理

为什么劳工政策体系不断完善，而违法用工以及劳动争议数量不断增长？很多学者对此做出过很多解释，比如，有学者认为是由于企业用工违法成本过低，也有学者认为《劳动合同法》《调解仲裁法》鼓励了劳动者提起仲裁与诉讼，还有部分学者认为很多企业用工“法外运行”是因为政府发展经济的需要，等等。这些分析能够从某个角度对这一问题做出解释，但我们希望从政府规制和治理的角度做出解释。我们认为其中存在两个互相关联的原因：其一，随着企业用工自主权的增加，政府对企业内部用工逐渐失去了“管控”；其二，政府治理的基本思路是一种事后的、场外权利救济式的治理，即当劳动者权益受损之后，采取企业外部仲裁与诉讼的手段进行治理。

随着 20 世纪 80 年代中后期的劳动合同制度改革和单位体制改革，特别是 1992 年以来现代企业制度的建立，国家逐步放开了对企业的直接管控，企业在经营、用工以及管理上得到了较大的自主权。1993 年《公司法》的颁布，更加推动了市场经济的发展，此时兴起的民营企业和外商投资企业在企业经营和用工上获得了相应的自主权，而随着所有权和经营权的分离，国有企业的用工自主权也得到了极大的发展。

在国家对企业的直接管理越来越弱化的情况下，国家主要依靠三种手段对企业内部的用工和劳动关系进行治理：其一，推动企业内部组建工会，由工会来代表劳动者进行维权；其二，依靠劳动行政的力量，对企业进行劳动监察；其三，推动劳工政策体系的建设和发展，依靠劳动法律法规进行规制。第一种依靠工会的手段，由于企业工会的“制度性弱势”，很难在企业内部完全发挥作用，这也在学界和社会上得到了共识；第二种依靠劳动监察的手段，由于目前劳动监察队伍严重不足，地方劳动行政部门很难做到实时、全面地对企业进行监管；第三种依靠劳动法律法规进行规制的手段，成为最主要的手段。

当国家的组织和行政力量很难深入企业内部时，国家对企业用工的规制只能依靠外部的力量进行监管和约束。当工会维权的手段在企业工会很难发挥作用时，便主要依靠上级工会对职工权益进行保护；劳动监察和劳动法律法规的手段，也只能通过外部的劳动行政部门、仲裁或司法部门进行规制。当依靠这些企业外部的手段进行规制时，其力量不能参与劳动和生产过程，只有当劳动者权利受到损害时，才进行相应的规制。所以，我们把这种治理方式称为场外权利救济式治理。这种救济式治理与整个企业的劳动和生产过程脱离，一般国家权力进行干预时，劳动者与用人单位的劳动关系基本上已经结束，这就是为什么我们看到目前大量的劳动争议案件都是劳动者在解除或终止劳动关系之后才出现。下面，我们将对三种不同的场外权利救济式治理进行描述。

第一种手段是通过工会的外部维权。由于企业工会的相对弱势以及企业工会与企业之间的特殊关系，当劳动者权益受损时，劳动者基本上依靠上级工会进行外部维权。这一外部维权的特征由工会的组织力量来源所决定。工会的力量来源于它自身在党政系统中的合法地位，它在维权时不能像西方市场经济国家那样单纯通过动员基层员工进行维权，而是通过参与立法、推动集体合同与民主管理制度等源头参与的方式进行维权。这些维权方式难以深入资方占管理优势的企业内，却在企业外部发展起来。不可否认的是，近些年来，全国总工会参与了《劳动合同法》《就业促进法》《社会保险法》等法律的起草和制定工作，尤其是在《劳动合同法》的制定过程中，全国总工会投入了巨大的热情和精力，地方工会也参与了大量的地方法规条例的制定与修改。同时，全国总工会近些年来也一直在推动集体合同、民主参与管理等制度。但是，当工会在私营企业和外资企业存在一定依附的情况下，这些通过源头参与的维权方式在企业层面遇到阻力，由此，区域性、行业性维权机制纷纷出现。不管是推动企业工会的组建还是依靠上级工会的间接维权，当前通过工会协调劳动关系的手段效果仍有待加强，很重要的一点就是工会很难参与到整个企业组织的生产和劳动过程当中。

第二种手段是通过劳动监察进行外部治理。当国家权力退出企业组织时，劳动行政部门的劳动监察应该成为最重要的监督企业用工和劳动关系的形式。《2015 年度人力资源和社会保障事业发展统计公报》的数据显示，2015 年，全国各级劳动保障监察机构共主动检查用人单位 192. 5 万户次，涉及劳动者 9569. 1 万人次。书面审查用人单位 219. 6 万户次，涉及劳动者 8472. 8 万人次。全年共查处各类劳动保障违法案件 38. 9 万起。在目前劳动保障监察队伍不够健全的情况下，取得这一成绩非常不易，但是这一成绩对于为数众多的城镇就业人员来说，就显得相当不足。在目前劳动监察人员严重不足的情况下，仍有大量的企业用工在劳动监察之外运行。

目前通过劳动监察对企业进行监管不能取得理想效果，一方面是由于我国劳动监察队伍不够健全；另一方面是由于这种监管方式不能直接参与到劳动生产过程当中，只有当劳动者权利受损时，才进行权利救济式治理。

第三种手段是通过调解、仲裁和诉讼的劳动争议处理程序进行治理，这是目前国家对企业用工和劳动关系进行规制的最主要的手段。

在劳动争议处理程序中，企业内部的调解手段作用有限，所以很多学者把其运行特征界定为“形式化”或者“虚化”。其中最主要的原因就在于企业拥有用工自主权，而国家对企业劳动关系的规制手段基本上都在企业外部，所以企业内部的调解很难化解劳资矛盾，也很难起到劳动关系治理的作用，而起作用的就是企业外部的仲裁和诉讼的手段。

《劳动争议调解仲裁法》和《最高人民法院关于审理劳动争议案件适用法律若干问题的解释》（一）（二）（三）（四）对仲裁组织原则、程序以及仲裁与诉讼之间衔接的详细规定，不仅有利于化解劳资矛盾，更为重要的是，仲裁和诉讼的劳动争议处理程序使得《劳动法》《劳动合同法》以及其他劳工政策规定的劳工标准得到了强化。当国家不再直接管理企业内部用工和劳动关系之后，仲裁和诉讼作为一种反作用机制，督促和推动企业合法用工。作为一种劳动矛盾和争议处理的方式，仲裁和诉讼是当劳动者或企业权利受损时才发生的权利救济行为和机制。当然，它的作用不仅仅是权利救济，而是通过这种权利救济来促使企业内部用工的规范化和合法化。

通过对整个劳工政策设计体系进行分析可以看出，国家推动劳动关系治理的核心机制在于企业外部的权利救济式治理。通过制度设计和制度实施可以看出：其一，《劳动争议调解仲裁法》采取仲裁申请不收费的模式，并且劳动争议仲裁委员会的经费由财政予以保障。这条规定可以看作是为保护劳动者的权益而设计的，当然也可以理解成国家出于强化这种治理手段的必要性，而“鼓励”劳动者或企业申请劳动仲裁。其二，“一裁终局”的制度设计扩大了仲裁的权力，当劳动监察对劳动关系治理起不到足够的作用时，仲裁在一定程度上起到了治理机构的作用，承担了治理劳动争议和规制劳动关系的重要职能。其三，《劳动争议调解仲裁法》实施后，全国很多地方都设立了仲裁院，扩充了仲裁员的队伍，加大了劳动争议处理的能力，这在一定程度上也可以看成对这种治理机制的认可。

当我们不单单把仲裁和诉讼看作劳动争议的处理程序，也将其看作国家治理劳动关系的主要手段时，我们就能很好地理解为什么劳工政策不断完善，劳动争议的数量却连年持续增长。国家不再对企业进行直接管理时，正是希望这种外部权利救济式治理把劳动关系协调纳入法律体系当中，而仲裁和诉讼作为一种作用机制，监督和督促企业规范合法用工。

第三节　劳资群体冲突的性质与特征

制度化的劳动关系治理体系通过权利救济的方式来治理劳动关系。在这套治理体系外，中国的劳动关系治理体系还存在着一套非常规的应急式治理体系。非常规应急式治理体系主要用于预防和解决劳资群体冲突与矛盾，目标在于维护社会稳定。本部分将对当前劳资群体冲突的性质与特征进行分析和介绍，并在此基础上对目前劳资群体冲突事件的治理机制进行分析。

一、劳资群体冲突的性质

自2008年《劳动合同法》实施以来，中国劳资冲突进入高发期。尽管目前没有权威的统计数字，但是通过媒体公开报道和网络传播的信息可知，近年来劳资群体性事件对社会产生了较大影响。一些典型的事件，例如，2010年广东南海本田停工事件、2014年广东东莞裕元鞋厂停工事件、2014年湖南常德沃尔玛劳动纠纷案件、2014年广州番禺利得鞋厂劳资集体协商事件等，都已成为社会和学界讨论的经典案例。因目前中国法律未针对劳资群体冲突性事件处理机制进行明确规定，所以本书在此将根据劳资群体性事件的性质和特征进行分析。

理性定位劳资群体性事件的性质，是化解劳资矛盾和解决劳资群体性事件的前提与基础。从本质上说，当前劳资群体性事件是一种劳资经济利益博弈，是市场经济条件下正常的劳资利益冲突表现形式，而不是破坏社会稳定的突发性恶性事件。对于这样的定位，我们可以通过以下几方面来具体分析。

第一，劳资冲突是经济利益冲突。近年来的劳资矛盾与冲突大都是由于劳工权益受损、工资待遇低、劳动条件差等因素所引起的。不难判断，这些劳资矛盾和冲突基本上都是因利益之争而引发的，属于人民内部矛盾范围的利益冲突与利益矛盾。但长期以来，有的地区将这样的矛盾与冲突政治化或意识形态化，不恰当地将其上升为危及基本制度和社会稳定的政治问题。在近年来的劳资群体性事件中，工人所提出的绝大部分要求都是经济诉求，涉及的是工人的具体利益。在计划经济体制下，工人、企业和国家的利益高度一致，三者之间并不存在巨大的利益差异。而在市场经济体制下，随着资源的重新配置和市场经济的发展，掌握资本的雇主阶层逐渐形成了利益一致的利益群体。而在此过程中，工人的权利与利益却逐渐被边缘化，成为社会的弱势群体。在劳资双方利益发生分歧时，往往会导致劳资矛盾和冲突。所以，在利益分化的时代，劳资利益矛盾、利益冲突、利益博弈是正常的社会现象。在一个多元化的现代社会中，劳资矛盾与冲突将成为我们日常生活的组成部分。

第二，劳资冲突是理性冲突。我们应当认识到，基于利益的劳资冲突是理性的冲突。利益矛盾不同于政治矛盾，也不同于民族矛盾、宗教矛盾和意识形态矛盾，同时还不同于因征地、拆迁、干群矛盾以及城市管理等因素引起的社会矛盾。一般来讲，政治矛盾、民族矛盾、宗教矛盾和意识形态矛盾都具有某种不可调和性，双方势不两立，一旦激烈爆发，时常难以通过协商谈判的方式达成共识，而是不惜诉诸暴力来捍卫各自的原则和立场。因征地、拆迁、干群矛盾以及城市管理等因素引起的社会矛盾并不涉及生存权的问题，极易引起社会混乱，造成社会秩序失控，最后演变成“社会泄愤事件”，对于这类矛盾，需要政府部门强行干预，以尽快平息事态的发展。与这两类群体性事件不同的是，劳资利益矛盾可以用谈判、妥协、讨价还价等理性方式解决，其中能够造成大规模社会动荡的因素很少。特别是针对某些企业的劳资矛盾，从目前来看，这类冲突和矛盾并不具有扩散性。因此，我们需要避免将劳资矛盾和冲突与威胁稳定的政治危机混为一谈。如果我们把劳资矛盾和冲突看成一种理性冲突的话，那么就应该把劳资群体性事件与其他社会群体性事件区别开来。劳资群体性事件作为劳动者与资方相互制衡的一种手段，它并不影响社会稳定，反而为社会稳定提供有效的保障。劳资群体性事件作为劳动者与资方的一种博弈形式，它充分表达了劳动者的基本利益诉求，对和谐劳动关系的建立与社会稳定都具有积极意义。

第三，劳资群体性事件包含了权利争议和利益争议。有学者认为，从劳资冲突行为的性质来看，绝大多数工人集体行动并不涉及争取新利益，而是为了实现法定的或合同约定的权利，因此只是权利争议。当然，目前我国的劳资矛盾和冲突主要仍然是权利争议，但是，从近几年发生的劳资群体性事件中，我们可以看出另一种趋势，即在一些事件当中，引发事件的因素主要集中在提高薪酬、改善工作条件、提高福利待遇、签订集体合同等事项，从这些主要因素来判断，这些劳资群体性事件应该定性为利益争议，而非权利争议。

我国已进入一个利益多元化的时代，特别是新生代农民工，他们的利益诉求多元化，而并非仅仅是简单的经济诉求。全国总工会2010年《关于新生代农民工问题的研究报告》显示，新生代农民工与传统农民工在观念上存在着“六个转变”。这些转变说明新生代农民工不再仅仅像父辈那样只有经济诉求，而是在社会认同、个人职业发展、人生价值实现和精神方面都有着强烈的需求。面对利益多元化的新生代农民工，企业和社会不能忽视他们多方面的利益诉求。在一些企业中，即便工资、工时、劳动条件等基本劳工标准没有突破法律的最低界限，但在工人的其他诉求得不到满足的情况下，也有可能发生劳资矛盾与劳资冲突。我们在界定劳资群体性事件的性质时，应该看到利益争议正在呈逐步上升趋势。承认和尊重劳动者的多元化利益，是我们缓解和解决劳资矛盾的重要前提。

综上所述，我们认为劳资群体性事件是一种区别于其他社会群体性事件的利益博弈。在劳资双方的利益博弈当中，劳动者提出的利益诉求大多是合理、合法的，在利益多元化的时代，劳动者追求的不再仅局限于实体权利，而有着更多的利益诉求，劳资双方因这些利益分歧而产生矛盾和冲突。

二、劳资群体冲突事件的特征

在清晰界定了中国劳资群体性事件性质的基础上，我们再来概括这些事件所表现出的特征。综合 2000 年以来的案例看，劳资群体性事件表现出如下特征：

第一，劳资群体性事件呈集中爆发的趋势。集中爆发的趋势表现为三方面：一是劳资群体性事件发生的频率增高，二是劳资群体性事件涉及的劳动者人数增加，三是劳资群体性事件的规模呈扩大趋势。

第二，劳资群体性事件的发生往往表现为突发性。劳资群体性事件的突发性表现在：企业、工会组织和政府在毫无预防的情况下，工人自发形成停工等集体行为，事前往往缺乏协商、谈判或者调解等程序。事件一旦发生，会给企业的生产与管理秩序带来直接冲击，给工会组织和政府带来压力，造成基层社会秩序不稳定。与市场经济发达国家相比较，我国出现集体谈判和停工的程序正好相反。在市场经济发达国家，先有集体谈判，谈判破裂后由工会宣布集体行为等事项，而在我国，往往是先发生劳资群体性事件，然后劳资双方才进行协商与谈判。这种程序上的错乱给社会带来巨大的压力，政府部门和工会组织在调解与处理事件时往往非常被动。劳资群体性事件的突发性特征充分说明目前我国政府、工会以及企业对员工意见的预知、劳动纠纷的预防、群体性事件的预警机制仍存在不足，劳动关系预警机制、集体协商机制以及集体劳动争议处理机制在现实中都存在着一定的缺陷。这同时也说明，体制内提供的劳资利益纠纷解决渠道仍然不够顺畅，一些情况下劳动者只有在发生劳资群体性事件后，在给企业、政府、工会组织以及社会形成巨大压力的情况下，才能使劳资双方坐下来协商工资、福利以及工作条件等涉及工人切身利益的实质问题。

第三，引发劳资群体性事件的原因多元化，具体表现在以下三个方面。一是国企改制、经济补偿、历史遗留问题等因素仍然是引发群体性事件的重要原因。二是在一些私营企业与外资企业中，拖欠工资、超时加班、工作条件差、奖金福利、解雇与裁员等工人合法权益受损的事件也是导致群体性事件发生的重要原因。三是随着工人，特别是新生代农民工利益诉求的多元化，工资待遇低、劳动条件差、管理过于严厉，甚至工作压力大、精神诉求无法满足、自我价值无法实现等利益诉求因素也可能引发群体性事件。从多起劳资群体性事件中可以看出，引发事件的因素除了工人的权利诉求之外，更多的是利益诉求。所以在利益主体多元化、利益结构复杂化的今天，政府、工会组织和企业不仅要关注工人的合法权益，而且要关注工人多元化的利益诉求。

第四，劳资群体性事件的表现形式多样化。在这些形式中，不仅有传统国企工人的上访等集体行为，还有停工等集体行为。具体来分析，可以把它们归纳为以下四类。一是最原始的反抗形式，如拘禁企业管理者等集体行为，在这些事件中，工人并没有通过合法的渠道来争取自身的利益，而是通过一些极端的行为表现对雇主和管理层的不满。二是通过停工等方式表达对资方的不满。三是上访等形式，这些行为是国有或城镇集体企业劳动者群体性事件的主要形式。四是联合的集体行动，这是工人们意识到自身利益一致，希望通过团结协作、壮大力量来争取自己权益的结果。劳资群体性事件表现形式的多样化，给政府和工会的工作带来了前所未有的压力与难度。

第五，劳资群体性事件的对抗程度越来越激烈。在一些劳资群体性事件中，由于劳资矛盾处理不规范，并且一些地方政府受到群体性事件的“一票否决制”“零指标”压力，事件发生后，当地政府为尽快平息事态而采取一些过激手段，最后往往升级为劳方和资方、政府工作人员甚至是警察之间的肢体冲突。在吉林“通钢事件”和河南“林钢事件”当中，表现尤为明显。当然，这样的事件只是个案，但是从这些个案中折射出来的警示是，我国劳资群体性事件的对抗程度越来越激烈，甚至在一些完全可以避免产生肢体冲突的案例中，最后仍然出现了高强度的对抗。在一些劳资群体性事件中，引发事件的原因是工人的合法权益诉求，但最后却演变成暴力事件。当工人正当的利益诉求受到压制，一些工人群体或个人采用体制外的方式，有时甚至是暴力的方式来表达和发泄不满，于是导致矛盾越发激烈，使工人与企业之间、工人与当地政府之间的对抗程度加大。

第六，工人的自组织性强，组织化程度不断提高。一些劳资群体性事件还表现出一个显著的特征，即工人的自组织性加强。作为工人代表的工会组织往往在劳资群体性事件中扮演调解者与协调者的角色，通过中间调停以维护基层社会的稳定。

体制内的组织不鼓励工人通过群体性事件的激烈方式进行维权，在矛盾得不到解决的情况下，有的工人会在体制外通过自组织的方式维护自身的权利与利益。这一特征在重庆出租车司机事件、东航集体返航事件、广东南海本田事件中都非常明显。在这些劳资群体性事件中，工人都是自发组织起来的，在组织动员、行动策划以及集体协商的整个过程中，工人的组织化程度都非常高。

以上六个方面概括了当前劳资群体性事件的特征。在当前劳资冲突比较严重的情况下，只有加强对劳资群体性事件的实质性特征的分析，我们才能更客观地了解事件产生的原因，并有效地提出治理的对策。

第四节 集体劳动争议处理机制与治理

面对形式多样的劳资群体冲突，由于目前集体行动权相关制度的缺失，集体劳动争议处理制度对劳资冲突治理的效果非常有限。在实践中，一些地方政府发展出一套治理劳资群体冲突的非制度化治理机制，我们将其概括为“摆平式”治理机制。

一、集体劳动争议处理机制

在目前的整个劳工政策制度设计中，关于集体劳动争议处理机制，并没有颁布和实施单独的部门法，而是在其他的法律法规中有一些相关的规定。具体规定主要体现在《劳动法》《集体合同规定》《劳动合同法》等法律法规中。

《劳动法》规定了因签订集体合同和因履行集体合同发生

争议的处理程序。《劳动法》第八十四条规定：因签订集体合同发生争议，当事人协商解决不成的，当地人民政府劳动行政部门可以组织有关各方协调处理。因履行集体合同发生争议，当事人协商解决不成的，可以向劳动争议仲裁委员会申请仲裁；对仲裁裁决不服的，可以自收到仲裁裁决书之日起十五日内向人民法院提起诉讼。

《集体合同规定》依据《劳动法》对集体协商和因履行集体合同发生争议的处理程序进行了规定，不过在具体规定中存在着一定的差异。《集体合同规定》第四十九条规定：集体协商过程中发生争议，双方当事人不能协商解决的，当事人一方或双方可以书面向劳动保障行政部门提出协调处理申请；未提出申请的，劳动保障行政部门认为必要时也可以进行协调处理。第五十五条规定：因履行集体合同发生的争议，当事人协商解决不成的，可以依法向劳动争议仲裁委员会申请仲裁。相比于《劳动法》，《集体合同规定》在因履行集体合同发生争议的处理程序中，仅规定了协商和仲裁的程序，并没有规定诉讼的程序。

2007 年颁布的《劳动合同法》则对因履行集体合同发生争议的处理程序进行了补充。《劳动合同法》第五十六条规定：用人单位违反集体合同，侵犯职工劳动权益的，工会可以依法要求用人单位承担责任；因履行集体合同发生争议，经协商解决不成的，工会可以依法申请仲裁、提起诉讼。在具体规定中，《劳动合同法》再次强调了因履行集体合同发生争议的处理程序为协商、仲裁和诉讼，并在此基础上，在集体协商和集体合同中加入了劳动者一方的主体，即工会。

考虑到法律效力的大小问题，笔者在此采纳《劳动法》

和《劳动合同法》对集体劳动争议处理的规定。在目前的劳工政策体系中，集体劳动争议处理的制度是：因签订集体合同发生争议，采取协商和行政处理的程序；因履行集体合同发生争议，则采取协商、仲裁和诉讼的程序。具体来看，目前的集体劳动争议处理制度具有以下特征。

第一，按照个别劳动争议处理的原则和宗旨来设计集体劳动争议处理制度。

尽管在具体程序上，集体劳动争议处理制度设计了因签订集体合同和因履行集体合同发生争议的处理程序，这一点与个别劳动争议处理存在着很大的差异。但是，从根本上看，目前的劳工政策制度是把集体劳动争议看成个别劳动争议的集合，而没有把其当成劳动者组织作为主体引发的争议。《劳动争议调解仲裁法》的具体规定表现得尤其明显，虽然该法是专门处理劳动争议的部门法，但是此法中对集体劳动争议并没有做相应的规定，而是简单地把集体劳动争议的处理程序和规则类同于个别劳动争议。《劳动争议调解仲裁法》第七条规定：发生劳动争议的劳动者一方在十人以上，并有共同请求的，可以推举代表参加调解、仲裁或者诉讼活动。该法对集体劳动争议处理的程序和规则没有做出特殊规定，把集体劳动争议看成个别劳动争议的集合。

第二，集体争议处理制度主要适用于集体合同的签订或履行所引发的争议。但是，现实中由于一些地区集体协商和集体合同的形式主义严重，因签订或履行集体合同所引发的集体争议较少。而相应的，实践中引发劳资群体冲突的原因呈现多元化，既有权利争议，也有利益争议，并且大部分劳资群体冲突都伴有劳动者的集体行动。所以，当面对劳资群体冲突时，集体劳动争议处理制度较难解决现实中的问题，对于群体冲突的解决以及事情的平息，很难发挥有效的功能。

第三，集体劳动争议处理制度缺乏集体行动治理程序和规制。由于目前中国集体劳动争议立法的缺失，所以在整个集体劳动争议处理制度中，并没有对劳动者或雇主的集体行动进行相应的规制。《工会法》第二十七条规定：企业、事业单位发生停工、怠工事件，工会应当代表职工同企业、事业单位或者有关方面协商，反映职工的意见和要求并提出解决意见。对于职工的合理要求，企业、事业单位应当予以解决。工会协助企业、事业单位做好工作，尽快恢复生产、工作秩序。即便《工会法》提到了停工或怠工事件，并提出了工会参与协商的权利，但也没有针对劳动者集体行动的权利、处理集体行动的程序、处理集体行动的规则等相关内容进行界定。作为劳动者基本权利之一的集体行动权，法律基本未做界定，而针对劳资集体行动的处理程序和规则，目前集体劳动争议处理制度也未做出相应的规定。

第四，集体劳动争议处理制度假设了一个“万能”的政府角色。《劳动法》《集体合同规定》和《劳动合同法》都规定了因签订集体合同发生争议处理的程序，即政府劳动保障行政部门协调处理的程序。《集体合同规定》对政府的行政处理程序设计了“三方机制”协同处理制度。《集体合同规定》第五十条规定：劳动保障行政部门应当组织同级工会和企业组织等三方面的人员，共同协调处理集体协商争议。并且第五十三条也规定了三方机制处理的程序：协调处理集体协商争议应当按照以下程序进行：①受理协调处理申请；②调查了解争议的情况；③研究制定协调处理争议的方案；④对争议进行协调处理；⑤制作《协调处理协议书》。但是，政府协调处理集体协商争议的法律依据是什么？做出处理协议书的规则是什么？协调处理协议书如何执行？如果劳资双方不履行协议书，相应的处理程序是什么？这些在制度设计中都没有做出具体的规定。所以，我们认为在集体劳动争议处理制度设计中，制度假设了一个“万能”的政府，即政府能够解决所有劳动争端，对于政府处理集体劳动争议的规则和程序则未做出更详细的规定。

通过以上四个方面的分析我们可以看出，目前的集体劳动争议处理制度面对劳资群体冲突事件时，其治理的效果是不太理想的。在实践中，为了预防和处理劳资群体冲突事件，一些地方政府发展出一套非制度化的治理机制。

二、劳资群体冲突的“摆平式”治理

面对劳资群体冲突事件，一些地方政府采取的是一种非制度化的治理机制。因为集体劳动争议缺乏相应的治理规则和制度，所以留给地方政府的行动空间和能动性很大。李静君和张文宏在文章中归纳了一些地方政府在处理社会群体事件时的治理逻辑，即“花钱买稳定”的逻辑，具体表现为：物质上的让步、程序同意和道德领导。在分析这三种逻辑的基础上，他们转而去分析了政府权威与公民权利的关系。但是，笔者更感兴趣的是，地方政府发展出一系列非制度化的治理手段和技术，其背后的原因是什么？是否仅仅是为了维护社会稳定？这种“摆平式”的治理逻辑，其背后是否存在着相应的带有普遍性的社会运行机制？

笔者把地方政府这种非制度化处理劳资群体冲突事件的方式称为“摆平式”治理。“摆平式”治理与地方政府一般维稳事件的处理方式不一样，它表现出三个特征：其一，“摆平式”治理不仅仅包含劳资群体冲突事件发生之后的应急式处理，它还有一套日常的工作机制，比如，在制度建设方面有工资保障金等，在社区层面上还有“社区联防”工作机制等；其二，“摆平式”治理的地方负责部门是劳动行政部门和地方工会，而不是公安或信访部门，虽然公安或警力也经常参与处理劳资群体冲突事件，但主导部门仍然是劳动行政部门和工会；其三，“摆平式”治理往往不是简单地压制劳动者一方，从目前发生的一些劳资群体冲突事件来看，地方政府部门更多平衡劳资之间的权益。

地方政府对劳资群体冲突事件的治理采取“摆平式”治理，而非“压制式”的维稳治理，我们认为其是地方政府在双重压力下做出的一种选择行为。

第一，维稳的压力。

劳资群体冲突事件的处理作为社会治安综合治理的一部分，成为地方政府政绩考核的重要指标。自 2005 年以后，发端于 20 世纪 80 年代计划生育工作考核的“一票否决”制度在许多地区开始推行和实施。因劳资冲突引发社会不稳定问题和群体性事件的，党政主要领导及相关责任人的当年评优资格将实行一票否决，而构成违纪的则将给予党纪、政纪处分，造成重大不稳定事件涉嫌犯罪的，还要移送司法机关追究刑事责任。2005 年颁布实施的《中央政法委员会、中央社会治安综合治理委员会关于深入开展平安建设的意见》第十四条明确规定：建立健全考核奖惩机制。要把平安建设的成效作为检验各级党政领导班子和领导干部执政能力和执政水平的重要标准，列入干部考核评价的重要内容，并将考核结果作为对干部晋职晋级和实施奖惩的重要依据。要加强对平安建设各项工作落实情况的督促检查，对工作扎实、成效显著的地方和单位予以表彰奖励，对因工作失职、渎职引发影响稳定重大问题的，实行责任倒查和一票否决，严肃追究有关领导和相关人员的责任。2016 年 3 月，中共中央办公厅、国务院办公厅又发布了《健全落实社会治安综合治理领导责任制规定》，更是将维稳的群体性事件与地方政府及其主要党政领导人的政绩挂钩，该《规定》第八条规定：各地区各部门各单位应当建立完善社会治安综合治理目标管理责任制，把社会治安综合治理各项任务分解为若干具体目标，制定易于执行检查的措施，建立严格的督促检查制度、定量考核制度、评价奖惩制度，自上而下层层签订社会治安综合治理责任书。当劳资群体性事件的发生和处理成为地方政府和党政主要领导政绩考核的主要指标之一时，一旦发生劳资群体性事件，地方政府则要迅速平息事态的发展。从目前一些处理劳资群体性事件的案例中可以看出，地方政府为了控制事态的发展，在采取措施时都非常谨慎。所以，迅速"摆平"劳资双方，成为地方政府最主要的处理方式。

第二，依法治国的要求。

随着中国法治化建设的逐步完善，政府在社会各个领域都颁布和实施了一系列新的法律规范。其中，劳动关系相关法律法规的制定表现更为明显，近 20 年来，中国有关劳动者个体权益和劳工标准的法律法规得到了较好的发展。尽管目前集体劳动争议处理法律法规较为缺失，但是劳资群体冲突大部分都是因劳动者权益受损而引发的，权利争议占绝大部分比例。所以，随着劳工政策的不断发展，地方政府在处理劳资群体冲突事件时，其处理方案和手段也要受政策法律法规的约束。2015

年中共中央、国务院颁布实施的《关于构建和谐劳动关系的意见》则非常清晰地体现了国家要求地方政府依法治理劳动关系的要求。在强调构建和谐劳动关系的工作原则时，该《意见》规定："工作原则：……坚持依法构建。健全劳动保障法律法规，增强企业依法用工意识，提高职工依法维权能力，加强劳动保障执法监督和劳动纠纷调处，依法处理劳动关系矛盾，把劳动关系的建立、运行、监督、调处的全过程纳入法治化轨道。"从该《意见》可以看出，国家仍然希望把整个劳动关系的治理纳入法治化轨道，即便目前缺乏集体劳动关系方面的规制，国家也希望把劳资群体矛盾的处理和治理纳入法治化轨道，从而实现依法治国的目标。

地方政府一方面面临维稳的压力，另一方面在治理过程中又要实现依法治国，在这两大压力之下，一些地方政府选取了一种"摆平式"的治理方式。地方政府对劳资群体冲突事件的处理，并非简单地对劳动者群体进行规制，而是调用一切资源来预防和平息劳资群体冲突，从而消除劳资群体冲突事件发生的隐患，并积极化解劳资群体冲突。

那么，地方政府对劳资群体冲突"摆平式"治理的基本运作方式是什么？《关于构建和谐劳动关系的意见》指出："完善劳动关系群体性事件预防和应急处置机制。加强对劳动关系形势的分析研判，建立劳动关系群体性纠纷的经常性排查和动态监测预警制度，及时发现和积极解决劳动关系领域的苗头性、倾向性问题，有效防范群体性事件。完善应急预案，明确分级响应、处置程序和处置措施。健全党委领导下的政府负责制，有关部门和工会、企业代表组织共同参与的群体性事件应急联动处置机制，形成快速反应和处置工作合力，督促指导企业落实主体责任，及时妥善处置群体性事件。”我们总结各地预防和处理劳资群体冲突的做法，把“摆平式”治理的基本方式概括为三种治理机制。

第一，源头治理和动态治理的预防机制。

与其他社会群体事件相区别，劳资群体冲突的治理除了应急处理机制，还包含了作为日常工作机制的预防机制。通过源头治理和动态治理，防范群体性事件的发生。源头治理和动态治理的预防机制是一种日常工作机制，我们在经验观察的基础上，总结出其目前主要表现为三个方面。一是在劳资群体冲突易发的行业和地区实行工资保证金制度。比如，早在 2004 年，劳动和社会保障部与建设部就发布实施了《建设领域农民工工资支付管理暂行办法》，全国很多地方在建筑行业实行了农民工工资保证金制度；而在一些企业比较集中的开发区，除了建筑行业，其他公司也推行工资保证金制度。工资保证金制度在一定程度上缓解了因拖欠工资或企业关停等因素引发的劳资群体冲突。二是在基层大力推行劳动关系协调员制度。自 2008 年《劳动争议调解仲裁法》颁布实施以来，很多地区开始大力推动基层调解工作，推动在街道、乡镇、社区层面设立劳动关系协调员。基层劳动关系协调员的重要工作之一是了解用人单位劳动保障违法行为，及时向区县劳动监察部门报告重大劳资纠纷矛盾隐患和群体性事件以及举报线索，协助查处违法案件。三是在基层推动联防联控工作机制。目前，全国多个地区都按照属地管理的原则，在街道、乡镇甚至社区建立了联合防控的工作机制。例如，广州市南沙区 2011 年发布的《劳资纠纷导致群体性事件应急预案》中规定：要坚持属地管理原则……健全和充实镇（街）劳动保障机构，加大劳动保障监察经费投入，确保预防和处理劳资纠纷工作的顺利开展；建立镇（街）综治、公安、人力资源社会保障、司法、工会等部门协调机制，加强对辖内工业园区、村社出租厂区等企业用人单位的监督管理，及时掌握各类劳资纠纷的预警信息，确定重点排查企业，采取积极措施，防患于未然。通过以上三类预防机制的建设和实施，目前在一些工业较为发达的地区，基层已建立起一张覆盖辖区内所有企业和员工的大网。这种自上而下逐级管理的治理机制，与常规的法律治理机制并存，成为地方政府预防劳资群体冲突事件发生的重要治理机制。

第二，党委领导下的多部门联动机制。

在常规的法律治理体系中，地方政府作为第三方参与劳动争议处理时，其中的治理主体主要是劳动行政部门。但是，在劳资群体冲突的解决过程中，与其他社会综合治安案件的处理一样，各地实行的是自上而下严格管控的党委领导下的多部门联动机制。同时，受到"一票否决"的政绩考核问责制的影响，地方党政主要领导要对群体性事件承担主要责任。2016年，中共中央办公厅、国务院办公厅印发了《健全落实社会治安综合治理领导责任制规定》，进一步强调和落实了这种责任制度和工作格局。该文件第四条规定：严格落实属地管理和谁主管谁负责原则，构建党委领导、政府主导、综治协调、各部门齐抓共管、社会力量积极参与的社会治安综合治理工作格局。第五条规定：各地党政主要负责同志是社会治安综合治理的第一责任人，社会治安综合治理的分管负责同志是直接责任人，领导班子其他成员承担分管工作范围内社会治安综合治理的责任。

劳动争议常规法律治理体系以劳动行政部门为主，而劳资群体冲突治理则变成了党政“一把手工程”，并且与劳动相关的多部门都要参与到治理中来，形成党委领导下的多部门联动机制。广州市南沙区 2011 年发布的《劳资纠纷导致群体性事件应急预案》第 2.1.1 条规定：“在区委、区政府的统一领导下，协同相关部门成立区应急处置指挥部。指挥部由区政府分管领导担任总指挥，区人力资源和社会保障局局长和联系人社局的区府办副主任担任副总指挥，指挥部负责对全区劳资纠纷导致群体性事件应急处理工作的统一领导和指挥。指挥部成员单位：区人力资源和社会保障局、市公安局南沙分局、区建设局、区维稳办、区综治办、区司法局、区总工会、区信访局、市工商局南沙分局、区监察局、镇政府、街道办事处。各成员单位在指挥部的统一领导和指挥下，按照各自的职责做好劳资纠纷导致群体性事件应急处理的相关工作。”在治理过程中，每个政府部门都要承担相应的职责分工，比如，与处理劳动关系关系并不密切的工商局，也要承担相应的职责。《劳资纠纷导致群体性事件应急预案》第 2.2.8 条规定：“工商部门在企业年检时依照有关法规从严把关，做好企业守法经营的监管工作，协助人力资源和社会保障部门对违法行为进行查处，参加其他部门组织的联合执法行动。对于劳动者因劳动争议申诉需到工商部门查询企业登记情况，工商部门应提供方便，并视情况给予其减免查询费用优惠。”从各个地方政府设计工作格局和责任承担情况来看，劳资群体冲突的治理已不仅仅是劳动行政部门的职责，而是多个政府部门共同参与，共同成为治理的主体。

第三，平衡劳资利益的应急处理机制。

与常规法律治理规定的调解、仲裁、诉讼等劳动争议处理程序不一样的是，劳资群体冲突的治理有着一套应急处理机制。我们在此仍然以广州市南沙区的《劳资纠纷导致群体性事件应急预案》（以下简称《应急预案》）为例进行分析。《应急预案》中规定了从分级分类响应、先期处置、基本应急处置到后期处置的整个应急流程与所要做的工作。从这份《应急预案》可以看出目前地方政府应急处理机制的几个重要特点。一是分类处置。首先是对劳资群体冲突事件进行分类响应，一般性事件由当地政府处理，而重大事件需要启动应急预案，当地政府协同上级政府共同处理；其次是对不同类型的事件进行分类处理，对在企业内部聚集行为、到地方党委政府上访聚集行为、堵塞交通或强占要害部门行为、已经出现群体性暴力行为等，需要分类处理。二是迅速平息。不管是对哪种群体性行为，政府治理的首要目标是使事态迅速平息。比如，对已经出现的群体性暴力行为，《应急预案》规定："公安、信访、综治维稳办等部门应及时阻止过激行为，控制事态的蔓延和扩大。要避免矛盾进一步激化，把握好时机，孤立极少数闹事者，团结大多数群众。严厉打击策划、组织、煽动群体性闹事的组织者和骨干分子，动员群众尽快解散离开现场，促使事件尽快得到平息。"三是积极调用各种行政手段。在劳资群体冲突事件的处理过程中，为防止事态的蔓延，政府可以调用各种行政手段。南沙区的《应急预案》中规定："对逃匿的用人单位法人或业主由公安部门采取必要的控制措施，对用人单位的财产采取有效的保护措施，对债主的偏激行为给予制止和疏导。对在劳资纠纷中发生的违法犯罪行为，由公安部门依法处理。对确已证实用人单位法人或业主逃匿或长时间下落不明的，可由应急处置小组引导员工通过法律程序对其财产进行查封，并协助处理。”对财产的查封与控制、对犯罪嫌疑人的处理，这些已远远超出了劳资矛盾处理的范畴，这种事件在性质上已变成了社会治安事件。通过《应急预案》我们也可以看出，地方政府在处理劳资群体冲突事件中，并不是简单压制劳动者的利益诉求，而是尽量平衡劳资利益。

通过上述分析我们可以看出，在中国劳动关系治理体系中，除了常规的法律治理体系，还存在着一套解决劳动群体冲突的“摆平式”治理机制。一旦出现劳资冲突，这种独特的运行机制和工作机制则反映出政府在面对群体冲突时的一些基本运行机制。

与欧美国家不同的是，中国的劳动关系治理体系存在着两条治理路径：一条是常规的、制度化的法律治理，另一条则是非制度化的治理路径。中国制度化的劳动关系法律治理与欧美国家存在一定的差异，它主要围绕劳动者个体权益而构建。由于国家在企业层面的“撤出”，所以它通过解决劳动者个体与企业之间的矛盾来规制企业劳动关系，我们将其称为“权利救济式”治理方式。从这一点我们就很好理解为什么一方面劳工政策越来越完善，另一方面劳动争议案件却越来越多，并且企业用工过程中的违规现象没有得到根本性改观。

对于劳资群体冲突事件的治理，以往学者往往将其与其他社会群体事件一样进行分析。当然，作为社会治安综合治理的一部分，它们有着许多共同的特征。但是，劳资群体冲突事件的治理还包含了非常重要的日常工作机制。在治理过程中，地方政府也受到“依法治国”理念以及劳工政策的限制，为了防止事态的发展，地方政府往往会采取“摆平式”的治理。

综合来看，国家治理的基本思路是希望把劳动关系治理纳入法治化轨道，即便是一些非制度化的劳资群体冲突处理，也仍然通过行政的手段把劳资关系处理纳入法治化轨道，通过制度化的手段来解决集体冲突。但是，由于中国集体劳动关系规制的不完善，这种治理思路在实践中难以得到充分实现。从目前的实践来看，一方面，地方的劳动行政部门忙于劳动争议的调解、仲裁工作，调解、仲裁职业化队伍日益庞大；另一方面，地方政府党委领导下的多部门联合组织机构疲于预防化解劳资群体冲突。要实现有效治理的目标，应在完善现有劳工政策体系的基础上，转变政府对于劳资群体冲突的认识，在制度设计上不断完善集体劳动争议法治建设。

第五章

党政主体意识与影响因素研究

目前学界对劳动关系中政府的研究，大多集中于对政府的角色、职能以及相关政策的研究，而较少涉及微观层面对政府官员主观认知与行动的研究。本章在前文总结分析构建和谐劳动关系与政府规制的基础上，对劳动关系中的政府进行微观分析。本章以政府官员的主观意识为研究对象，通过对全国29个省、直辖市和自治区的调查数据进行回归分析，具体研究被调查对象对当地劳动关系的主观认知以及影响他们认知的要素。

第一节　研究问题与研究假设

政府在劳动关系中的角色与职能一直是劳动关系学界关注的重点。政府作为公共权力的主体，不仅规制劳资双方的行为，同时引导劳资双方的价值理念。[①] 罗恩·比恩（Ron Bean）把政府的角色和职能分成五种，即政府扮演第三方管理者、法制制定者、调停与仲裁者、公共部门的雇主以及收入调节者五种角色，每种角色都承担着不同的职能（1985）。[②]自

① 约翰·巴德．劳动关系：寻求平衡，于桂兰等译．机械工业出版社，2013.

② Ron Bean, Comparative Industrial Relations: An Introduction to Cross－national Perspectives, London: Croom Helm, 1985: 119—125.

20世纪30年代以来，随着工会与集体谈判制度的逐步建立和发展，劳动法律法规逐步完善，欧美国家政府逐渐退出劳资关系的直接力量介入，而越来越注重扮演第三方的角色。但是，由于我国目前劳动法律法规还不够完善，特别是集体劳动关系的法律法规还比较欠缺，劳资力量对比悬殊，[①] 政府在规制劳资双方行为、平衡劳资双方力量的过程中，其直接干预和监管的力度要远大于欧美国家，政府在劳动关系中起到主导的作用。[②]

一、研究问题

中国政府在劳动关系中占据主导地位，政府官员作为政策的制定者和实施者，在劳动关系实践中发挥着重要的指导和监督作用。在以往的研究中，学者们重点研究了政府在劳动关系中的角色、定位、作用和政府政策等，而很少去研究政府意识及行动，更没有深入去挖掘行动背后的价值理念等。在欧美国家，政府在劳动关系中的职能大部分以制定实施劳动关系政策、法律法规的形式表现出来，但是在我国，由于劳动关系法律法规处于不断制定和完善的过程中，各个地区的政策与具体执行情况存在着较大差异。同时，由于不同地区的劳动关系状况存在着很大的差异，地方政府官员对当地劳动关系状况的判断、认知以及在面对劳动纠纷时采取的态度也大不相同。所以，我们认为，作为劳动关系政策的制定者和劳动关系实践的

---

① 常凯．劳动关系的集体化转型与政府劳工政策的完善．中国社会科学，2013（6）．

② 吴清军．集体协商与“国家主导”下的劳动关系治理：指标管理的策略与实践．社会学研究，2012（3）．

直接参与者，政府官员对当地劳动关系状况的判断和认知会直接影响政府的行动策略，并且这种行动策略很大程度上决定着当地劳动政策的制定方向和劳动关系的发展方向，同时影响着劳动关系政策的传达与实施。因此，在研究政府的角色和职能的基础上，需要更进一步对劳动行政部门官员这个群体进行研究。

基于上述研究背景，本章将要研究两方面问题：第一，我国现阶段劳动行政部门官员对当地劳动关系的认知与态度是怎样的，即政府官员如何看待现阶段我国劳动关系状况？第二，哪些因素影响了劳动行政部门官员的认知与态度？本章将围绕这两个问题，通过针对全国 29 个省、直辖市、自治区的调查数据展开研究。

二、文献综述与研究假设

关于劳动关系中政府的角色与职能，中外学者进行了许多研究，但其研究主要聚焦于劳动关系中政府主体的角色、职能、地位以及劳动关系政策的演变等。然而，将政府作为劳动关系的一个重要主体，不能忽略劳动行政部门官员的主观能动性，他们的主观意识和态度将对劳动关系政策和实践产生深刻的影响。[①] 所以，本章将主要综述有关政府官员主观意识以及影响因素等文献。

政府是劳动关系中重要的参与主体，但是政府官员在劳动关系中发挥的作用很大程度上受官员主观意识以及外部环境因素的影响。根据以往的文献可以看出，我国政府官员在介入、

① 张永宏．争夺地带：从基层政府化解劳资纠纷看社会转型．社会，2009 (1).

解决劳资纠纷的过程中进行了很多尝试和摸索。张永宏在《制造同意——基层政府怎样吸纳民众的抗争》一文中强调基层政府的重要性，并提出了领导权策略的概念。他认为，领导权是建立在暴力与同意的组合之上的，领导权的一个必要条件是强制披着同意的甲胄，并制度化为国家垄断的合法暴力。政府官员在处理日常工作中发展出三种制造同意的策略：一是物质让步，例如，拨付维稳费用就是通过物质让步获取政绩；二是程序同意，通过跨部门联合行动解决特定的不稳定事件；三是道德领导，建立信息和服务导向的“社会管理”模式。肖唐镖同样也指出，政府官员在介入劳动纠纷实践以及其他社会不稳定事件的过程中形成了独特的维稳政治。在一种“全员动员”体制下，在缺乏应有的法律指引和专业规范的条件下，其手段和策略很多是行政的、政治的，有时甚至是不合法的。从这个角度来说，当前我国政府面对民众抗争的回应体制——维稳政治体制，是一种政治化而非法治化的维稳体制。这种把社会矛盾政治化处理的方法并不能从根本上解决问题，反而可能激化矛盾。① 蔡永顺（Yongshun Cai）把政府官员的这种影响方式称为抑制性治理。虽然这种抑制在一定程度上为政治稳定提供了帮助，但是抑制只是“扬汤止沸”，有可能引发更大规模的抗争，好在中央政府与地方政府执行分离，这为民众维权提供了一个博弈的途径。②

既然政府官员是政府公共活动的主体，那么对政府主体的

---

① 肖唐镖．当代中国的“维稳政治”：沿革与特点——以抗争政治中的政府回应为视角．学海，2015（1）．

② Yongshun Cai. “Local Governments and the Suppression of Popular Resistance in China”, The China Quarterly, 2008, 193 (2): 24—42.

研究就可以落实到对政府官员的研究之上。哪些因素会对政府官员的意识产生影响呢？美国学者唐纳德·汉布里克（Donald Hambrick）和梅森（Mason）于1984年在《高阶：组织作为高层管理人员的反映》中提出了高阶理论（Top Management Team，TMT），其核心思想是高层管理者会对他面临的情景做出高度个性化的诠释和选择，他们的行为反映了认知、价值观、经验等个性特征。[①] 高阶理论认为，团队特征，如管理者的年龄、性别、教育程度、担任职务、任期等将对他们的行为产生影响。高阶理论也是本书进行研究假设的一个理论依据。学者们通过对高阶理论进行进一步论证，将高层管理团队异质性特征概括为两个层次，一是基于关系取向（Relation – Related）的异质性，主要包括人口学特征（如性别、年龄、籍贯、文化、收入等）的差异；二是基于任务取向（Task – Related）的异质性，包括工作年限、行政级别、职位级别等。这个理论同样适用于政府官员，因为政府官员在进行政策制定和行为决策时，很大程度上受到个人认知模式的影响，且其决策的结果会影响到劳动关系系统中其他主体的活动。我们认为，使用高阶理论来探究政府官员的行动策略更为直观，因为高阶理论可以通过外在的人口学特征而非心理学特征对官员的认知和态度进行衡量，而外在的人口学特征是可以较为客观获取的。

高阶理论提到的团队特征将如何影响管理者的态度呢？国内外学者对高阶理论进行了更加深入的探讨。邓普斯特（Dempster）等人指出，性别会带来管理者对问题认识和处理

---

① Hambrick, D. C. and P. A. Mason. "Upper Echelons: The Organization as A Reflection of Its Top Managers", Academy of Management Review, 1984, 9: 193—207.

方式上的差异，与男性管理者相比，女性更愿意尝试采用新方法解决问题。[①] 芬克尔斯坦（Finkelstein）等人的研究表明，高管任期的长短会对组织的战略与绩效产生影响。[②] 维尔斯马（Wiersema）等人通过实证研究证明，平均年龄小的团队更勇于承担风险，更有自信推动战略变化；管理者任期越长，越不愿意随外部环境的变化做出改变，他们更倾向于保持现有的战略和结构。[③] 汉布里克（Hambrick）等人的研究发现，高管团队的教育水平也会产生影响，教育水平越高，认知能力越强，对复杂、不明朗事件的承受能力越强。此外，学者还对组织内外部环境进行了阐述，包括权利差异性、组织文化、经济状况等，都会对管理者的态度产生影响。[④] 迪纳（Diener）和维恩霍文（Veenhoven）等人的研究表明，生活在富裕经济体中的人比生活在贫困经济体中的人幸福感更强。[⑤] 邓伟等人的研究表明，政府行政级别不同，与企业的行政关联程度也不同，行政级别越高，对于官员进行考核时非经济因素越多。当地企业如何对待劳动关系直接影响到当地劳动关系状况，也会影响到

---

① Dempster R J, Hart S D. "The Relative Utility of Fixed and Variable Risk Factors in Discriminating Sexual Recidivists and Non – Recidivists", Behavioral Science, 2002, 14 (2): 121—138.

② Finkelstein, Hambrick D C. Strategic Leadership: Top Executives and Their Effects on Organizations. Minneapolis: West Publishing, 1996.

③ Wiersema M F, Bantel K A. "Top Management Team Demography and Corporate Strategic Change", Academy of Management Journal, 1992, 35 (1): 95—121.

④ Hambrick, D. C. and P. A. Mason. "Upper Echelons: The Organization as A Reflection of Its Top Managers", Academy of Management Review, 1984, 9: 193—207.

⑤ Diener, E., Sandvik, E., Seidlitz, L., & Diener, M. "The relationship between income and subjective well-being: Relative or absolute?" Social Indicators Research, 1993, 28: 195—223. Veenhoven, R. "Is happiness relative?" Social Indicators Research, 1991, 24: 1—34.

政府官员考核，行政级别越高的官员越看重劳动关系发展状况对政府政绩带来的影响。[①]

因此，我们在探究官员态度影响因素时，会把性别、年龄、职位级别、行政级别、教育水平、经济状况等作为自变量纳入其中。此外，学者们的研究表明，冲突是一种广泛存在的社会现象，工作中遇到的冲突会对人的情绪、态度产生直接影响。虽然冲突会导致社会的不和谐，但同时它还具有“社会安全阀”的功能。刘易斯·科塞（Lewis Coser）在《社会冲突的功能》一书中提出，群体之间的冲突有利于群体内的凝聚与整合，冲突有助于群际关系整合，为群体成员消除不满情绪和怨恨提供正常渠道，在一定程度上转移矛盾焦点。[②] 劳动争议发生率在一定程度上可以用来衡量劳、资、政三方冲突的频率，可用于研究三方主体的态度。

根据上文综述的学者们的研究成果，再结合我国目前劳动关系发展的实际情况，本书提出如下研究假设：

假设1：经济越发达的地区，政府官员态度越积极乐观。

假设2：劳动争议发生率越高的地区，政府官员态度越积极。

假设3：官员职位级别越高，他们对劳动关系的态度越积极。

假设4：官员所在行政级别越高，他们对劳动关系的态度越消极。

假设5：官员年龄越大，他们对当地劳动关系的态度越

---

① 邓伟，刘健．国有企业的行政级别、政治关联与经营业绩．经济经纬，2014（1）．

② 刘易斯·科塞．社会冲突的功能，孙立平等译．华夏出版社，1989．

消极。

假设6：官员受教育水平越高，他们对劳动关系的态度越积极。

假设7：女性官员比男性官员对劳动关系的态度乐观。

第二节　数据描述与变量设置

本章的研究数据涉及29个省、直辖市和自治区，问卷调查共收回问卷2238份，其中省级、地市级问卷295份，县、区级问卷1943份。问卷分为主客观两部分：问卷主观题的设计，目的在于了解目前各地劳动行政部门官员对当前劳动关系现状的主观判断，以及对劳动关系制度实施效果的主观判断；问卷客观题的设计，主要是对政府官员个人信息的收集，这部分收集了持有不同主观判断的劳动关系官员的差异化个人信息，包括性别、年龄（出生年月）、学历、职位级别、行政级别等变量。通过对这些变量的测量，可以分析影响劳动行政部门官员态度的因素。

此外，本章还选取了两大指标作为自变量，一个是各省2013年的GDP，作为衡量不同地区经济发展状况的指标；另一个是各省2013年劳动争议发生率，以每百万劳动人口劳动争议发生数量来衡量。这两部分数据均来自国家统计局的统计年鉴。

一、因变量的描述性统计

本章分析劳动行政部门官员对劳动关系的态度，共设置了四个指标来衡量，分别是对劳动关系和谐程度的评价、对劳动关系规制成效的看法、对三方协商机制效果的评价、对待集体劳动关系的态度，因变量描述见表1。

表1　因变量描述

指标	数据来源/问题	变量类型
对劳动关系和谐程度的评价	目前，当地劳动关系和谐程度如何（省市第7题，县级第7题）	有序变量1—5，数值越大得分越高
对劳动关系规制成效的看法	劳动关系法规的加强实施，促进了当地企业的发展（省市第15题，县级第11题）；劳动关系法规的加强实施，提高了当地劳动者的收入水平（省市第21题，县级第17题）；劳动关系政府规制的加强，使得劳动争议数量总体呈现平缓下降趋势（省市第24题，县级第20题）	有序变量1—5，数值越大得分越高
对三方协商机制效果的评价	当地目前的三方协商机制运行效果（省市第47题，县级第42题）	有序变量1—5，数值越大得分越高
对待集体劳动关系的态度	以集体停工为主要形式的工人集体行动，在市场经济条件下是一种解决劳资矛盾的正常市场行为（省市第65题，县级第59题）	有序变量1—5，数值越大得分越高

四个因变量分别考察了劳动行政部门官员对待劳动关系四个不同层面问题的态度，变量为有序变量，分值越大代表政府官员态度越乐观、越积极。通过对各个变量得分情况进行频数分析，本书得到以下结果。

第一，对当地劳动关系和谐程度的整体评价。有70.9%的官员认为当地劳动关系较和谐或非常和谐，只有4.4%的官员认为当地劳动关系不和谐或很不和谐。可见，尽管我国劳动争议呈现逐年上升趋势，但政府官员对劳动关系整体状况的判断还是非常乐观的。

第二，对劳动关系规制成效的看法。与第一项趋势基本一致，有62.6%的官员对当地劳动关系规制的成效持认可态度，其中有20%的官员对劳动关系规制取得的成果非常赞同。从以上两项分析可以看出，我国近年来推行劳动立法及劳动关系实践取得了一定成效，劳动行政部门官员对此普遍认可，这对于劳动关系的健康发展至关重要。

第三，对三方协商机制效果的评价。有44%的官员认为三方协商机制效果一般，12.6%的官员认为三方协商机制效果较不好或者很不好，对三方协商机制满意的官员不到半数(40%)。可见，虽然三方协商机制已经成为我国解决集体劳动争议事件的重要手段，但是它的实施效果并不乐观。我们认为主要原因在于，三方协商一般发生在停工事件之后，政府在介入三方协商时如果把握不好干涉力度，或者在协商过程中不能保持公平的话，很容易引发工人群体性事件。因此，三方协商虽然是解决集体劳动争议的重要方式，但是其作用还有待加强。

第四，对待集体劳动关系的态度。这一项主要衡量劳动关系官员是否可以理性看待工人的集体行动。在我国劳资力量对比悬殊的情况下，工人集体行动仍然是解决集体劳资争议的一个手段，政府官员对待这一现象的态度会直接影响他们在劳动关系实践中的行为倾向。这个问题的平均得分只有2.95分，是四个问题中得分最低的一项，虽然持同意态度的占比最多，但持否定观点的官员也不在少数，选择一般、较不同意、不同意的官员合计占到了61.9%。可见，政府官员在这个问题上分歧较大。这一现象的原因，很大程度上在于当政府介入集体劳动争议进行三方协商时，争议极易转化为群体性事件。对于群体性事件，政府官员处理起来都感到很棘手，所以他们中很大一部分人是排斥工人集体行动的。四个因变量的得分频数分析见表2：

表2　因变量频数分析

		对劳动关系和谐程度的评价	对劳动关系规制成效的看法	对三方协商机制效果的评价	对待集体劳动关系的态度
N	有效	2208	2211	2203	2193
	遗漏	30	27	35	45
平均数		3.77	3.78	3.33	2.95
众数		4	4	3	4
标准偏差		0.700	0.837	0.917	1.166
百分位数	25	3.00	3.00	3.00	2.00
	50	4.00	4.00	3.00	3.00
	75	4.00	4.00	4.00	4.00

如图1所示，笔者通过分析发现，劳动行政部门官员对于当地劳动关系和谐程度和规制成效满意度较高，但是对三方协商机制效果和集体劳动关系的态度并不乐观。随着我国劳动关系由个别向集体转型，如何有效实行三方协商机制、缓和劳资矛盾，以及如何正确看待和解决集体争议事件，是我国劳动关系发展下一步要着重解决的问题。政府在劳动关系中的主导地位，决定了作为劳动政策制定者和参与者的劳动行政部门官员在劳动关系发展中的重要地位和作用，如果能够有效影响他们

对劳动关系的态度，必然会对劳动关系尤其是集体劳动关系的发展产生重要影响。

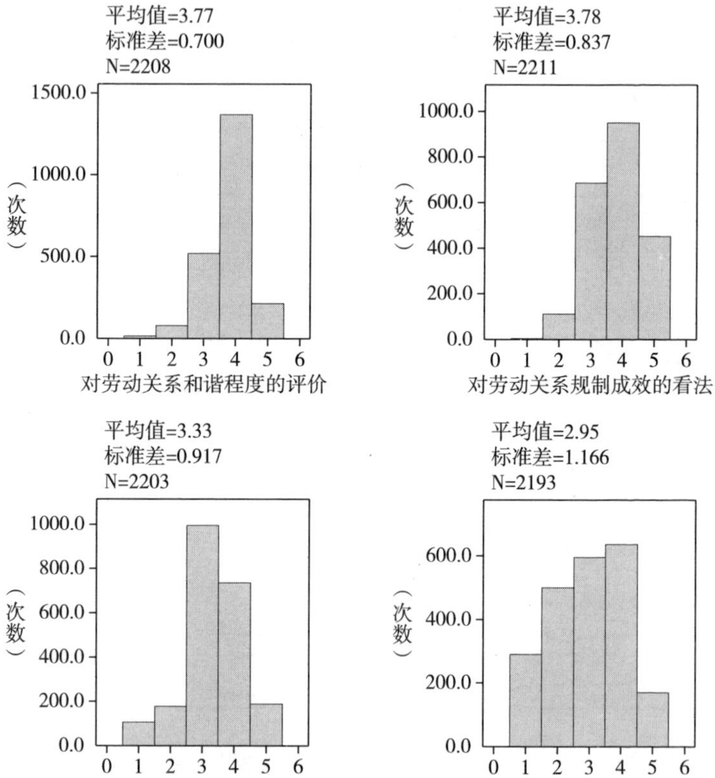

图1　因变量分数分布直方图

二、自变量的描述性统计

本节对政府官员关于劳动关系态度的影响因素分析分别由表3中的7个指标来衡量。

表 3　自变量描述

指　　标	数据来源/问题	变量类型
行政级别	填写问卷的类型	名义变量； 1—省市，2—县级
性　　别	问卷客观题部分	名义变量； 1—男，2—女
年　　龄	问卷客观题部分	连续变量
学　　历	问卷客观题部分	有序变量； 1—大专，2—本科，3—硕士及以上
职位级别	问卷客观题部分	有序变量； 1—科员及以下，2—副科级， 3—科级，4—副处级， 5—处级，6—副厅（局）级
经济发展状况	国家统计局网站	连续变量
劳动争议数量	国家统计局网站	连续变量

对自变量的统计性描述，除了进行频数分析，本章还考察了其与劳动行政部门官员态度的相关关系。衡量态度的指标是将四个因变量得分进行平均，通过简单的分布描述进行趋势探索。

1. 行政级别与性别

本节对样本进行频数分析，其中省市级样本 295 个，占比 13.2%；县级样本 1943 个，占比 86.8%。女性样本 361 个，占比 16.4%；男性样本 1844 个，占比 83.6%。自变量中数女性样本及省市级样本量少，可能造成统计性误差，笔者进行图形考察时发现它们对政府官员态度得分的影响差别不大，这只是简单的统计性描述，用以大概判断趋势，笔者在后面的分析中进行了特别说明。

2. 年龄

被调查的劳动行政部门官员平均年龄为44.44岁，年龄跨度从22—69岁不等，43—51岁的人员占比为55%，他们是中国劳动行政部门现阶段的主力军。然而，统计数据显示，被调查者从事劳动关系工作年限为8.46年，主要集中在1—7年，累计占比60%。可见，大部分样本中的政府官员从事劳动关系工作年限并不长，具有较长劳动关系工作经验（15年以上）的人员只占17%。年龄与劳动关系工作年限之间有一个正相关趋势，但不是线性相关，即长时间从事劳动关系工作的官员一般为年龄较大的官员，但是年龄较大的官员不一定有长期从事劳动关系工作的经验，年龄在40岁以上的官员并没有长时间从事相关工作，这部分人员很有可能是最近几年才转到劳动关系部门从事相关工作的。由此可知，虽然43—51岁年龄段的官员是劳动行政部门官员的主力军，但是由于我国市场经济起步较晚，劳动关系的发展受社会经济发展影响，对劳动争议及集体劳动关系的关注是近些年才逐渐发展的，有很大一部分具有丰富政府工作经验的人是从其他部门被抽调到劳动关系部门的，具有丰富劳动关系相关工作经验的人并不多。笔者经初步分析可知，年龄与政府官员态度之间并没有明显的影响趋势。笔者在做后续相关分析及实证分析的时候会剔除这个变量，这在后面的实证研究中会进一步进行验证。

3. 学历、职位级别

被调查对象中，大专学历671人，占比30%；本科学历1345人，占比60.1%；硕士及以上学历117人，占比5.2%。拥有本科学历的人员占了绝大多数。从学历—年龄散点图（图2）可以看出，学历越高的人员越年轻化。从学历—态度条形图（图3）看不出教育水平对态度变化有明显的影响趋势，而且博士样本极少，可能存在统计性误差。

从被调查者的职位级别可以看到，科级及以下人员占到了90%，这符合我国政府职位的设置。随着职位级别上升，官员态度的得分先上升后下降，即处级及副厅（局）级的官员态度得分略微降低（见图4）。由于这两个群体样本非常少，只占2.9%，因此在做实证分析时可能存在统计误差。

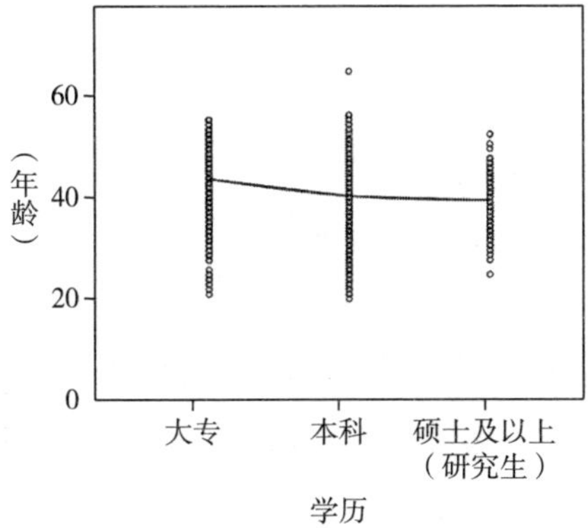

图2　学历—年龄

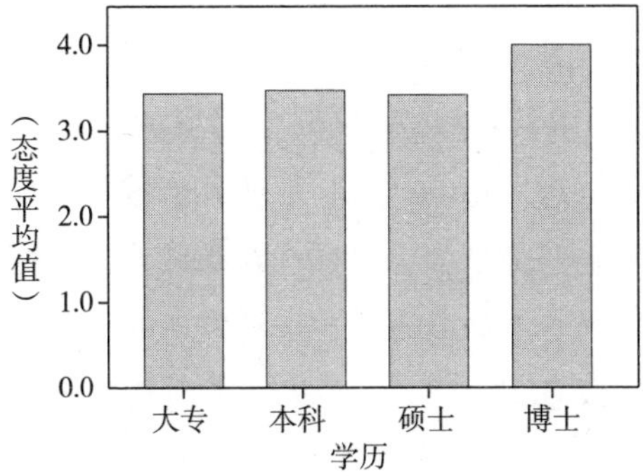

图3　学历—态度

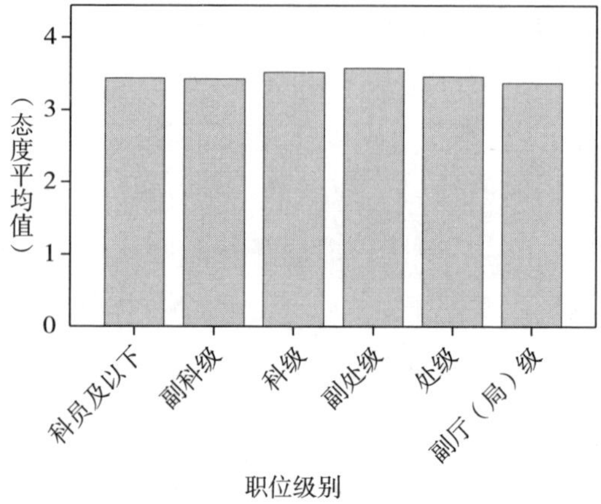

图 4　职位级别—态度

4. 经济状况、劳动争议数

本节中样本所在地区的经济发展状况和劳动争议数据来源于国家统计局对各省 2013 年 GDP 及劳动争议处理数的统计。各地经济发展状况和劳动争议数差异较大，GDP 呈2122 亿元至 62474 亿元不等，劳动争议数范围在 768 件至 91965 件。根据分析可知，GDP 与态度得分呈正相关关系，劳动争议数与态度得分呈正相关关系。但是笔者在分析中发现，调研中 GDP 最高、劳动争议数最大的几个地区却没有遵循这个规律。在这些地区，GDP 与劳动争议数呈明显的正相关关系，这一方面是因为经济越发达的地区，就业人员数量越多，企业数量也越多，而且企业类型多种多样，在基数较大的情况下容易发生劳动争议；另一方面是因为在经济发达的地区，劳资双方尤其是劳动者维权意识更强，当受到不平等待遇时可以寻找法律途径维护自身权益。需要注意的是，GDP 和劳动争议数可能存在共线性。表 4 给出了自变量的频数分析结果。

表 4　自变量的频数分析

		Administrative	Gender	Age	Education	Position	GDP	Labor dispute
N	有效	2238	2205	2168	2133	2180	2238	2238
	遗漏	0	33	70	105	58	0	0
平均数		1. 87	1. 16	44. 44	1. 74	2. 43	24167. 1408	21918. 96
众数		2	1	45	2	2	32191. 30	21689
标准偏差		0. 338	0. 370	6. 739	0. 550	0. 904	16036. 40	22731. 27
百分位数	25	2. 00	1. 00	40. 00	1. 00	2. 00	13046. 40	7088. 00
	50	2. 00	1. 00	45. 00	2. 00	2. 00	19229. 34	13882. 00
	75	2. 00	1. 00	49. 00	2. 00	3. 00	28442. 95	27788. 00

第三节　政府主体意识实证分析

本部分的主要内容是对前文介绍的数据进行实证分析，目的在于验证研究假设的真伪，得出劳动行政部门官员有关劳动关系认识与态度的影响因素。

1. 步骤 1：因变量与潜在自变量的线性相关性检验

线性相关性是自变量和因变量之间最常见的相关性之一，因此在对数据统计分析的过程中，最常见的问题就是如何对自变量和因变量之间的线性相关性进行检验。本部分使用 Pearson 相关系数来检验自变量 X 与因变量 Y 之间的相关性，表示为如下公式：

$$r_{xy} = \frac{\Sigma x_i y_i - n\bar{x}\bar{y}}{(n-1)s_x s_y}$$

根据公式可以看出，随着自变量 X 与因变量 Y 之间的线性相关 a_x 程度的变化，Pearson 相关系数的变化范围为 -1 到 1。其中，当 X 与 Y 呈完全线性相关时，即 X 和 Y 满足 $Y = a_x + b$，此时 $r_{xy} = |a|/a$。当 X 与 Y 呈现完全线性正相关时，$a > 0$，此时 $r_{xy} = 1$。而当 X 与 Y 呈现完全线性负相关时，$r_{xy} = -1$。容易看出，当 X 与 Y 完全线性无关时，$r_{xy} \to 0$。当 X 和 Y 呈现部分线性相关时，Pearson 相关系数 r_{xy} 在 -1 到 1 之间变化。显然，r_{xy} 的绝对值越接近 1，表明 X 与 Y 之间的线性相关性越强。然而，考虑到社会科学中复杂多变的因素影响，我们不能直接根据相关系数的值武断地判定两个变量是否线性相关。我们需要同时基于 Pearson 相关系数及显著性分析，并运用逐步回归等手段，对数据进行统计推断。

首先，对于获取的数据，我们做出关于因变量与自变量的增广相关性矩阵，通过初步相关性分析，发掘其中的相关关系。表 5 每格中的数据代表了交点横纵两变量之间的相关性检验结果，包含了 Pearson 相关性系数、显著性及样本量。表 5 标出了与因变量显著相关的自变量。从表 5 中可以看到以下关系：（1）行政级别（XZ）、性别（Gender）等是二分类变量，从结果可以看出县级劳动关系官员态度得分大于省市级劳动关系官员，女性劳动关系官员态度得分大于男性劳动关系官员，但是相关性极弱，且显著性不明显，基本可以排除这两个变量是态度得分主要影响因素的可能性；（2）年龄（Age）、教育水平（Edu）、职位级别（Position）、经济发展状况（GDP）、劳动争议数（为了使分析结果更加精确，我们将劳动争议数转化为每个地区每百万就业人员所发生的劳动争议数，用Labor/pop 表示）等有序变量或者连续变量与劳动关系官员态度得分正相关，其中职位级别、经济发展状况、劳动争议数量显著性非常明显，年龄的 Pearson 相关系数为 0.095，教育水平的 Pearson 相关系数为 0.188，虽然不够显著，但还需要进一步验证。

其次，除了分析自变量与因变量之间的相关性外，还需要考察自变量之间的相互影响，例如，教育水平与年龄存在负相关；职位级别与年龄、教育水平存在正相关；每百万人口劳动争议数与经济发展状况正相关。自变量之间相关关系的研究对于后面进一步分析及结果解释有很大的帮助。

最后，相关性分析还可以帮我们初步判断自变量的有效性，例如，行政级别、性别、工作年限对劳动关系官员态度的影响不大，我们在后面的分析中可以进一步验证。

表 5 给出了不同变量间的两两相关关系。

表 5　变量相关性矩阵

		平均态度	是否男性	年龄	职位级别	行政级别	教育水平	GDP	劳动争议数
平均态度	Pearson 相关性	1	-0.006	0.032	0.081**	0.008	0.019	0.062**	0.054*
	显著性(双侧)	—	0.774	0.157	0.000	0.734	0.390	0.006	0.016
	N	1976	1976	1976	1976	1976	1976	1976	1976
性别	Pearson 相关性	-0.006	1	0.162**	-0.015	-0.087**	-0.108**	0.024	0.036
	显著性(双侧)	0.774	—	0.000	0.493	0.000	0.000	0.293	0.107
	N	1976	1981	1981	1981	1981	1981	1981	1981
年龄	Pearson 相关性	0.032	0.162**	1	0.336**	0.036	-0.247**	0.112**	0.121**
	显著性(双侧)	0.157	0.000	—	0.000	0.108	0.000	0.000	0.000
	N	1976	1981	1981	1981	1981	1981	1981	1981
职位级别	Pearson 相关性	0.081**	-0.015	0.336**	1	0.304**	0.162**	-0.022	0.178**
	显著性(双侧)	0.000	0.493	0.000	—	0.000	0.000	0.319	0.000
	N	1976	1981	1981	1981	1981	1981	1981	1981

续表

		平均态度	是否男性	年龄	职位级别	行政级别	教育水平	GDP	劳动争议数
行政级别	Pearson 相关性	0.008	-0.087**	0.036	0.304**	1	0.115**	0.011	0.039
	显著性(双侧)	0.734	0.000	0.108	0.000	—	0.000	0.623	0.085
	N	1976	1981	1981	1981	1981	1981	1981	1981
教育水平	Pearson 相关性	0.019	-0.108**	-0.247**	0.162**	0.115**	1	0.032	0.087**
	显著性(双侧)	0.390	0.000	0.000	0.000	0.000	—	0.149	0.000
	N	1976	1981	1981	1981	1981	1981	1981	1981
GDP	Pearson 相关性	0.062**	0.024	0.112**	-0.022	0.011	0.032	1	0.343**
	显著性(双侧)	0.006	0.293	0.000	0.319	0.623	0.149	—	0.000
	N	1976	1981	1981	1981	1981	1981	1981	1981
劳动争议数	Pearson 相关性	0.054*	0.036	0.121**	0.178**	0.039	0.087**	0.343**	1
	显著性(双侧)	0.016	0.107	0.000	0.000	0.085	0.000	0.000	—
	N	1976	1981	1981	1981	1981	1981	1981	1981

*. 在 0.05 水平(双侧)上显著相关。

**. 在 0.01 水平(双侧)上显著相关。

2. 步骤2：有序变量的转换

在上一步的分析中，我们发现职位、学历、性别和行政级别等属于分类变量，我们在定义取值时采用等距连续整数。但是，其中暗含变量各个选项之间的差距是相等的，或者说它们对因变量数值的影响程度是均匀的，这不符合事实。对于这种分类变量，一种做法是将多分类的变量转换为多个二分类的虚拟变量进行拟合，然后根据分析结果考虑对结果进行简化；另一种方法是采用最优尺度变换，为每个类别给予一个适当的量化评分，用评分的大小表示各类间的差异。

最优尺度变换是一种在统计分析的过程中，对有序的多分类变量进行量化，从而使其可以直接纳入回归模型的方法。该变换的基本思想是根据我们采用的统计模型框架，分析各级别对因变量影响的强度变化，采用一定的非线性变换，为原始分类变量的每一个类别设定一个最佳的量化评分。我们为了更精确地研究职位变量对因变量的影响，对该变量进行了最优尺度分析。

根据步骤1的分析，职位是具有显著相关性的自变量，根据统计描述部分的介绍可知，职位是有序变量，有如下对应关系：1—科员及以下；2—副科级；3—科级；4—副处级；5—处级；6—副厅（局）级。但是它是不等距的，只能代表职位的大小关系，不能进行线性回归分析，因此在这里通过最优尺度回归对职位的每一个类别进行量化。考虑到经济状况和态度的相关性最强，且最为显著，在对职位进行最优尺度分析的过程中，我们仅引入衡量经济的变量GDP作为希望拟合的模型框架。①

---

① 在后续的回归过程中均使用position2代表职位。

此外，为使后续的回归分析更加有效，除了职位，我们还对学历、性别、区域、行政级别等变量进行转化。关于学历，剔除缺失值之后，博士只有一个样本，误差较大，因此重新生成变量，将博士和硕士统一归为新的变量——硕士及以上学历，对大专、本科、硕士及以上学历设置虚拟变量进行分析；我们对性别也设置了虚拟变量，1 代表男性，0 代表女性。

3. 步骤 3：回归分析

我们对筛选出的职位级别（量化）、GDP、行政级别（是否为省市级别）、教育水平（是否为本科）、年龄、性别、劳动争议数七个自变量进行回归分析，得到如下回归结果，见表 6。

表 6　线性回归系数

模型	非标准化系数		标准系数	t	Sig.
	B	标准误差	试用版		
（常量）	3.375	0.096	—	35.074	-0.000
GDP	2.049E-006	-0.000	-0.058	2.429	-0.015
年龄	-0.000	-0.002	-0.003	-0.105	-0.916
职位级别（量化）	-0.061	-0.014	-0.110	4.365	-0.000
性别	-0.011	-0.034	-0.007	-0.327	-0.744
行政级别	-0.058	-0.040	-0.034	-1.435	-0.152
是否为本科	-0.036	-0.026	-0.031	1.366	-0.172
劳动争议数	6.499E-006	-0.000	-0.018	-0.751	-0.453

因变量：平均态度。

从表6中可以看出，年龄、性别和劳动争议数的显著性不强，对因变量的影响不大，GDP、职位级别（量化）、行政级别和教育水平（是否为本科）是影响因变量的主要因素。根据回归结果可以写出回归方程：

$$Y = 3.375 + 0.061 \times pos_2 + 2.049 \times 10^{-6} \times Economy - 0.058 \times (\text{是否为省市级别}) + 0.036 \times (\text{是否为本科})$$

通过实证分析，我们对研究假设进行了验证，发现影响劳动行政部门官员劳动关系态度的因素主要是经济发展水平、职位级别、行政级别和教育水平。根据研究结果，并结合劳动关系现状，我们对研究结果进行如下解释。

第一，经济越发达的地区，劳动行政部门官员态度越主动。一是因为经济发达的地区市场经济较为成熟，多种所有制企业并存，庞大的劳动力基数必然会产生大量的劳动纠纷。同等情况下，经济发达地区的政府在面对和处理劳动争议时，尤其是集体劳动争议，政府有条件积极探索不同的解决途径。政府官员可以根据当地实际情况，并借鉴西方国家的经验，更理性地思考和看待劳动争议事件。二是经济越发达的地区工人组织越发达，工人维权意识越强，工人懂得使用法律武器来维护自身权益，政府在处理劳动争议事件的过程中，逐渐形成健全的流程、机制和相关工作规范，劳动法律法规使用更普遍，对于劳动行政部门官员的素质及能力要求也更高。三是经济越发达的地区越有机会运用三方协商机制解决劳动争议，三方协商不仅是一种解决劳资纠纷的手段，更是一个劳、资、政三方进行沟通交流的平台，可以保证信息的上传下达，把潜在劳资风险化解在萌芽阶段，三方协商的经验可以使劳动行政部门官员很好地平衡劳资双方的权益以及纠正其劳动实践中的行为。

第二，劳动行政部门官员职位级别越高，态度越乐观。之所以出现这种情况，我们认为存在两方面的原因。一是劳动行政部门官员中，高级别的官员通常是政策的制定者、传达者及督促者，政策的制定往往立足于解决现状问题，是基于积极的宏观政策指导进行的。高级别官员除了具有更为丰富的相关工作经验，他们看待问题更具有前瞻性，对待劳动争议更加理性；而职位级别较低的官员往往是政策的执行者，他们是劳动关系政策实践的直接参与者，在我国劳资纠纷日益凸显，集体劳动合同和三方协商机制运行存在阻碍的情况下，这部分官员可能会对现状抱有消极的情绪，因此对劳动关系现状及相关法律规制不乐观。二是较高的职位级别可能会带给官员更强的责任感和责任意识，让他们能够更积极地面对工作中存在的障碍，寻找对策，高级别官员的态度会影响到整个组织的工作积极性，因此高级别的官员需要时刻保持乐观积极的态度。

第三，劳动行政部门官员所在地行政级别越高，他们对劳动关系的态度越不乐观。实证研究结果显示，一是在相同的经济水平下，当政府官员具有相同的职位级别时，例如，同样是科级官员，县级劳动行政部门任职官员所持有的态度比省市级劳动行政部门任职官员所持有的态度更积极。造成这种结果的原因在于，同样职位级别的在不同行政级别岗位任职的官员，他们承担的责任不同，面对的劳动关系状况也不同，省市级劳动行政部门所在地一般会比县级发展更快，劳动争议发生频率更高，省市级劳动行政部门官员需要参与到更多的劳动争议实践中，在工作中遇到的阻碍也会更多。二是劳动行政部门官员在县级任职可能拥有更大的自主性，在处理劳动关系事件的时候可以更加灵活，因此官员态度也更积极。三是劳动行政部门官员行政级别不同，与企业的关联程度也不同，行政级别越高，对于官员进行考核时的非经济因素越多，当地企业如何对待劳动关系直接影响到当地劳动关系状况，也会影响到政府官员考核，行政级别越高的官员更加看重劳动关系发展状况对政府政绩带来的影响。

第四，教育水平对劳动行政部门官员关于劳动关系的态度有影响。本书实证分析的结果并不能明显看出教育水平对劳动行政部门官员关于劳动关系态度影响的趋势，但是可以看出，将硕士及以上学历作为参照变量，是否具有本科学历对劳动行政部门官员关于劳动关系的态度是有影响的，即具有本科学历的人比没有本科学历的人态度更加积极。从回归结果可以看出，拥有本科学历的劳动行政部门官员比拥有硕士及以上学历的劳动行政部门官员态度更加积极，比拥有大专学历的劳动行政部门官员态度得分高，但是显著性不明显。原因可能是劳动行政部门官员中本科学历的人数占比最大，其次是大专学历，接受良好教育会使劳动行政部门官员更加理性地看待劳动关系，因此本科学历官员比大专学历官员更加乐观。但是，硕士及以上学历官员的态度得分有所下降，这其中的原因很有可能是学历更高的官员对工作的看法更加理想化，因此他们对现状的满意度会下降或者表现为不乐观。

除此之外，我们在调查分析中还发现以下变量与劳动行政部门官员态度影响关系不显著。

首先，劳动争议发生率对当地劳动行政部门官员的态度影响是不显著的。虽然经济发展水平与劳动争议发生率存在一定相关性，但是经过检验不存在共线性问题。也就是说，除了经济发展水平，劳动争议发生率在很大程度上还受其他因素影响，例如，地方政府监管不到位、劳动法律法规实施存在阻碍、企业操作不规范以及地方文化风气的影响等。劳动争议尤其是集体劳动争议的发生是一把“双刃剑”，它在推动地区劳动关系变革的同时，短时间内也在很大程度上对经济产生负面影响。在控制其他变量的情况下，劳动争议发生率对当地劳动行政部门官员的态度没有显著影响，因为劳动行政部门官员心理素质与心理预期存在差异，同样的劳动争议发生率对官员内心的冲击是不同的，大家对待劳动争议的态度也大不相同，尤其是对劳动争议怀有抵触心理的劳动行政部门官员，其在劳动争议发生率上升时会更加消极，不能认为劳动争议越多官员态度越积极。

其次，年龄与从事劳动关系相关工作的时间对官员态度没有显著影响。从前面的描述性统计可以看到，年龄与从事劳动关系相关工作的时间没有线性相关，即从事劳动关系相关工作时间长的一定是年龄大的，但是年龄大的官员不一定有长时间从事劳动关系相关工作的经验，因为许多官员是从其他行政部门调任到劳动行政部门的。因此，官员年龄大小并不能说明他是否具有丰富的处理劳动关系的经验，他们的态度在很大程度上跟个人特质有关。从事劳动关系相关工作年限的长短对官员态度的影响为负，但是也不显著，说明除了工作经验还有其他影响因素。

最后，性别对劳动行政部门官员关于劳动关系的态度没有显著影响。性别的影响不显著，可能存在的原因是样本中男女比例差距太大，而且在劳动行政部门官员中，女性官员占少数，且多数女性官员职位级别低于男性，样本量差异会给调查造成很大的统计误差。

第六章

中国工会的作用和力量来源

第一节　关于工会作用的文献综述

自20世纪80年代末以来，随着市场经济的发展，中国工会的组织也变得越来越庞大。全国总工会公布的数据显示，截至2017年9月底，中国工会会员达3亿人，其中农民工会员达1.4亿人，全国基层工会组织280.9万个，覆盖单位655.1万个。[①] 随着工会组织系统的不断膨胀，工会的组织力量也得到了增强，工会在劳动立法、劳动监察以及协调劳动关系等方面发挥的作用也愈加明显，例如，工会在《劳动合同法》《劳动争议调解仲裁法》以及《社会保险法》等法律法规的立法和实施过程中都发挥了积极的作用。但与此同时，中国的劳动者权益保护工作仍须改善（Eli F. and Lee C. K.，2010；Pun Ngai and Lu Huilin，2010），劳动合同短期化、劳动条件恶化、劳工权益受损、劳动争议数量持续攀升等现象仍然没有得到根本改观。

那么，该如何解释一方面工会组织系统越来越庞大，另一方面劳工权益仍有待加强保护这一矛盾现象呢？对此问题，学界给出了两种不同的解释。一种解释认为，自20世纪80年代

① 中国工会会员达3亿人，其中农民工会员达1.4亿人，央广网．2018.10.19.

末以来，工会通过自身内部改革，在组织力量和独立性方面都取得了巨大进步，但由于受到各方面因素的影响，工会在维护职工权益方面仍然受到重重约束，导致工会组织力量与劳动者权益维护没有得到同步发展。① 另一种解释则认为，实行市场经济之后，工会组织力量确实得到了增强，这是毋庸置疑的事实，但是，目前工会首要的任务是在党和政府的领导下维护职工合法权益，促进经济社会发展，并在二者之间保持平衡。当维护职工权益与维护社会稳定发生冲突的情况下，工会可能会更加关注维护社会稳定以确保经济发展。②通过分析这两种解释，我们发现二者都承认工会的组织力量在市场经济中得到了增强，但在认识工会、党和政府以及职工之间的关系、工会的职能以及工会的力量来源等方面，这两种解释存在着根本性的差异。第一种解释认为工会正在力图改善与党和政府的关系，通过增强工会的自主性与活力、加强维护职工群众合法权益等手段来强化工会与职工群众之间的联系（游正林，2010）。第二种解释则认为工会力量增强的根本原因是发展经济和维护社会稳定，工会是维持基层产业秩序的机构。

---

① 参见 Jude A. Howell. All – China Federation of Trades Unions beyond Reform? The Slow March of Direct Elections. The China Quarterly. 196, December 2008. Gordon White. Chinese Trade Unions in the Transition from Socialism: Towards Corporatism or Civil Society? British Journal of Industrial Relations. 34 (3), September 1996. Daniel Z. Ding, Keith Goodall and Malcolm Warner. The impact of economic reform on the role of trade unions in Chinese enterprises. The International Journal of Human Resource Management. 13 (3), May 2002. 游正林 . 60 年来中国工会的三次大改革 . 社会学研究，2010 (4).

② Bill Taylor and Li Qi. Is the ACFTU a Union and Does it Matter? Journal of Industrial Relations. 49 (5), 2007. Chen Feng. Union Power in China: Source, Operation, and Constraints. Modern China. 35 (6), November 2009.

这两种解释在学界都有一定的拥护者，那么工会、党政、职工三者之间到底存在一种怎样的关系？工会的组织力量来源于哪里？工会在实践中履行什么职能？本章将从学术的角度尝试对这几个问题进行分析。

由于中国工会与西方市场经济中的工会存在巨大差异，所以探讨中国工会的职能，首先要厘清工会与党和国家的关系。在社会学和政治学领域中，“古典二元论”（classic dualism）是研究中国工会问题的重要的分析框架，早在20世纪80年代中期，学者们就开始用这个分析框架来描述共产主义国家的工会。他们认为，在共产主义制度下，工会被赋予了双重职能，即按照列宁主义描绘的“传输带”（transmission belt）图景，工会发挥着连接党和政府与工人的管道作用：工会自上而下代表国家的集体利益传达指示，动员工人进行生产劳动；自下而上传递工人要求，保护工人权利和利益。在这双重身份下，工会具有双重属性：既具有作为国家工具的国家属性，又具有作为工人组织的社团属性。①

后来，陈佩华借用国家组合主义（state corporatism）的概念对“古典二元论”进行了阐释与推进。她没有否认工会的双重职能，但她认为工会在扮演国家属性的角色时，与党和政府存在着复杂的关系。“党—国家”（party - state）是具有官僚利益复杂性的，国家组合主义承认存在互相冲突的社会利益，而建立组合主义体制的意图就是协调各方利益的发展。在她的论述中，她把中国工会定义为代表工人阶级利益的组织，

---

① Alex Pravda and Blair Ruble. Communist Trade Unions: Varieties of Dualism, In Alex Pravda and Blair Ruble, (eds.), Trade Unions in Communist States, Boston: Allen & Unwin, 1986, pp. 1—22.

只不过在国家组合主义下，工会承担了双重功能（陈佩华，2001）。张允美从历史的角度也对工会与国家的关系进行了分析。他认为，工会的行为往往受其组织集体利益和其成员个人利益的支配。他在梳理工会与“党—国家”的历史脉络时发现，围绕“生产”与“维护”职能，工会与“党—国家”的关系一直没有摆脱“顺从—冲突”的发展趋势（张允美，2003）。

“古典二元论”的分析框架把工会的性质界定为国家和社团的双重属性，这种分析框架是否可以用来解释当前市场经济条件下的中国工会呢？我们发现用这种分析框架进行解释存在着几个问题：

第一，夸大了党和国家与工会之间的利益分歧。游正林认为，在一定程度上，这些学者都夸大了工会与党之间利益的不一致性，他们往往把党对工会的要求（代表并反映职工群众的意愿和要求）理解为工会独自的欲求，从而过分强调了双重功能之间以及工会与党之间的冲突。第二，假设工会的力量来自于工人的“联合力量”（Associational Power）。不管是国家组合主义还是“冲突—理顺”的观点，它们在分析工会时都作出了一个假设，即工会在国家和工人之间周旋，它的力量来源于工人的“联合力量”，这种假设很难解释工会与工人之间的关系。第三，过分强调党、政府与工会之间的关系，忽视了企业或资本与二者之间的关系。在上述分析框架中，工会在国家与工人之间扮演着双重身份，但研究者们并没有关注到劳动关系中另一个重要的主体——企业，或者说是资本的利益（陈峰，2003）。忽视这一利益主体，对分析市场化条件下的工会存在着很大的缺陷，特别是在国有企业改制、私营企业与外资企业兴起之后，这种分析框架就更难辨识出市场化的雇佣关系中工会的职能与特征（吴清军，2008）。

第二节　关于工会力量来源的分析

改革开放40多年来，特别是自1989年以来，中国工会的组织力量得到了巨大增强，工会在立法、协调劳动关系以及整个行政管理体系的制度性地位方面，都得到了前所未有的发展（Jude A. Howel，2008）。工会组织力量的增强表现在以下几个方面。

第一，工会组织结构得到了巨大发展。从全总到地方各级工会，中国构筑了一套组织结构完整且人员规模庞大的工会系统。2017年3月发布的《关于全国总工会改革试点工作的总结报告》指出，通过“总量不变、调整结构”的方式，优化干部结构，探索建立了一支以专职干部为骨干力量、以挂职兼职干部为重要支撑的机关干部队伍。

第二，基层工会数量与会员人数随着劳动关系市场化持续攀升。截至2017年9月，中国工会会员达3亿人，其中农民工会员从2013年的1.08亿人增加到2017年的1.4亿人。全国基层工会组织有280.9万个，覆盖单位655.1万个。

第三，工会在劳动立法与协调劳动关系方面的力量越来越大。2020年6月，全国总工会印发《关于在做好“六稳”工作落实“六保”任务中充分发挥工会组织作用的意见》指出，要围绕落实保基层运转任务，确保基层工会有序运转，坚决维护职工队伍和劳动关系和谐稳定。健全劳动关系风险监测、分析、研判、预防机制和风险排查化解机制，全面实施集体协商

“稳就业促发展构和谐”行动计划，推动企业和职工开展共同约定行动，充分发挥集体协商协调劳动关系作用。

工会组织力量自20世纪80年代末以来得到了增强，这是毋庸置疑的事实，但工会的力量为什么能在发展市场经济的转型时期得到增强呢？我们认为，这是党和政府对稳定基层产业秩序的需要。尽管工会自中华人民共和国成立以来就被整合进入党政系统，但工会在党政系统中的地位和力量在过去60多年的时间里发生了巨大的变化。陈峰把其分为两个阶段，第一个阶段是在中华人民共和国成立至1966年之前，工会在党政系统中处于组织上的弱势地位。在当时的计划经济体制下，国家和单位与工人的利益是一致的，工人的主要经济利益来自国家的父爱主义（state paternalism）。党和政府只需要工会做好职工的福利工作，工会变成了简单执行国家福利政策的机构，成为党政机关的福利机关。第二个阶段是20世纪70年代末逐步开展的市场经济改革，工会经历了巨大的制度变迁，工会在党政系统中的组织地位得到了巨大增强，工会的组织力量（union power）在立法和协调劳资关系等方面得到了前所未有的提升（Chen F.，2009）。随着市场经济的不断发展，劳资矛盾越来越激烈，劳动争议数量也急剧上升，严重影响社会稳定。党和政府在面对这种情况时，需要工会作为强有力的机构来维护基层产业秩序的稳定。同时，自1989年以来，工会调整了与党和政府的关系，通过自身内部的不断改革，使工会的组织力量随着市场经济的发展而不断增强。

那么，在工会力量不断增强的背景下，工会的组织力量来源于哪里？在资本主义市场经济中，工会的力量来自组织职工的联合力量，但是，中国工会力量来自不同的基础。我们认为，中国工会的组织力量不仅来自动员基层职工的力量，也来自它自身处于党政系统中的合法地位与身份。

结合中国工会的特点进行分析，我们认为，工会的力量主要来源于行政力量，它的人员编制、主要经费以及工会干部的任命都来源于它在党政系统中的合法地位与身份。在全总和地方各级工会中，大部分工会干部实行的都是参公编制，这是一种接近于党政机关的国家性质的编制体系。更为重要的是，工会机构的主要经费也来自它的合法身份。《工会法》规定工会经费的来源有五种：工会会员缴纳的会费，企事业单位、机关向工会拨缴的经费，工会所属企业、事业单位上缴的收入，人民政府的补助，其他收入。在这五类经费中，企事业单位、机关向工会拨缴的经费是工会经费的最主要来源。这种经费来源并非来自职工的缴纳，而是工会向企业收缴的经费，这正是工会在党政系统中合法身份与地位的体现。

在《中国工会章程》中，维护职工合法权益、竭诚服务职工群众被确定为工会的基本职责。在《工会法》中，维护职能被列为工会四项基本职能之首。自 20 世纪 90 年代以来，工会在维护劳动者权益方面也做出了一些改革，并创造了一些维权模式。2006 年，全总为适应市场经济与社会发展的需要，提出了“以职工为本、主动依法科学维权”的维权观。对这一维权观，在全总第十四届执行委员会主席团第十一次全体（扩大）会议上，时任全总主席王兆国提出：“社会主义市场经济条件下的工会维权工作，既不同于中国社会主义计划经济时期，也与西方资本主义国家的工会有本质的区别，还要警惕那些独立于党领导的工会之外的‘职工维权组织’和敌对势力打着‘维权’的旗号对中国职工队伍和工会组织的渗透和分化”；“既不能盲目照搬西方国家工会的模式，也不能沿袭革命时期和计划经济条件下的做法，更不能支持所谓‘职工维权组织’的行为。”在此基础上，全总提出，要坚持党政主导、工会运作的维权格局，要求工会在维权工作中必须自觉接受党的领导，争取政府的支持和社会各界的配合。中国工会十七大报告指出，着力做好工会维权服务工作，切实提升职工群众的获得感、幸福感、安全感。

工会的这一维权观从党政全局的政治高度给工会维权行为定了基调，这也直接导致了中国工会不同于西方工会的维权模式。与西方工会主义相比，中国工会的维权模式表现出政治化、外部维权以及社会化维权三个特征。

第一，政治化。工会维权职能政治化，这是由中国的政治体制所决定的。中国工会十七大报告指出，高举维护职工合法权益的旗帜，围绕职工最关心最直接最现实的利益问题开展工作。协助党委和政府做好供给侧结构性改革中职工转岗安置、劳动关系处置、再就业培训、创业带动就业等工作。其背后的维权逻辑依然是“坚持两个维护相统一”，即在维护全国人民总体利益的同时，更好地代表和维护职工群众的具体利益。基于这个原则，全总提出，既要支持改革，教育引导职工理解和投身改革；又要维护职工合法权益，促进职工群众的具体利益不断得到实现和保障。所以，工会要自觉接受党的领导，坚决贯彻党的路线、方针和政策，才能始终保持正确的政治方向，真正履行好工会的基本职责。并且，工会维权工作必须纳入党和政府主导的维护群众权益机制之中。由此可见，工会维权要贯彻和执行党和国家的方针政策，体现出来的是政治化的理念。

第二，外部维权。工会外部维权的特征是由工会的力量来源所决定的。工会的力量来源于它自身在党政系统中的合法地位，它在维权时主要是通过参与立法、推动集体合同与民主管理制度等“源头参与”的方式进行的。全总参与了《劳动合同法》《就业促进法》《社会保险法》等法律的起草和制定工作，尤其是在《劳动合同法》的制定过程中，全总投入了巨大的热情和精力，地方工会也参与了大量的地方法规、条例的制定与修改。同时，全总一直在推动集体合同、民主参与管理等制度。

第三，社会化维权。工会社会化维权的特征是对各地工会维权模式的总结与提炼，实际上这种特征是由它的性质所决定的。社会化维权是工会维权工作的一大创新。工会维权一直面临着维权缺乏有力手段的问题，通过社会化维权，工会借助其他党政部门的力量，共同开展职工维权工作。但是，需要指出的是，工会社会化维权需要建立在工会与其他党政机构之间存在着高效运转的联动机制的基础之上，各方在行动目标和步伐上要协调一致，这对工会基层组织建设和工会干部素质提出了更高的要求。

第七章

集体协商与劳动关系治理

自20世纪20年代以来，集体谈判制度作为调整劳动关系的核心制度，在欧美国家得以确立，并在此后的几十年中得到了充分发展。但在20世纪80年代之后，由于产业结构调整、工人组织力量衰落以及工会密度下降等原因，欧美国家的集体谈判呈现整体衰落和分散化的趋势，集体合同的覆盖面越来越小，同时谈判的层级也越来越低（T. A. Kochan, 1980; T. A. Kochan, H. C. Katz, and R. B. McKersie, 1986; H. C. Katz, W. Lee and J. Lee, 2004）。与此形成鲜明对比的是，自1994年以来，中国集体协商却在“国家主导”模式下走出了一条完全不同的道路，集体合同签订率和覆盖率都呈现持续上升的趋势。截至2016年底，全国签订集体合同242.2万份，覆盖企业679.4万家，覆盖职工2.9亿人。

如果仅从该数据来判断，中国的集体协商制度得到了巨大的发展。但是在实践工作中，“不愿谈”“不敢谈”“不会谈”的现象仍然非常普遍，这已成为政府、学界甚至是工会公认的事实（常凯，2009；程延园，2004/2011；徐小洪，2004等）。那么，在“国家主导”模式下，集体合同数量与覆盖率是如何统计出来的？中国选择了一种怎样的集体协商模式？又是什么力量推动了这种模式的形成与运行？这些问题都亟待学界给出学术性的分析和解释。本章将结合H省的集体协商工作情况，对以上问题进行尝试性阐述与分析。

第一节　集体谈判与“国家主导”的集体协商模式

集体谈判（collective bargaining）一词要追溯到一个多世纪之前韦伯夫妇（Sidney Webb and Beatrice Webb）的著作，他们在1891年有关劳工合作运动的研究中首次提出了这一概念。但在这一研究中，他们并没有对集体谈判的概念进行明确界定，仅把它看成工会和雇主或雇主组织之间形成的一种制度化谈判关系（R. Hyman，2004）。在1897年的《产业民主》（*Industrial Democravy*）中，韦伯夫妇对集体谈判进行了更为深入的分析（Webbs，1914）。[①]在著作的第二部分阐述工会职能时，韦伯夫妇认为工会需要推动八大共同规范（the common rule）来维护会员的生活标准和工作条件，即工资基准利率、标准工作时间、劳动安全与卫生、新劳动进度、新技术、工作稳定性、参加工会的权利和组织工会的权利。同时，八种共同规范可以通过三种途径来加以实现，分别是互助保险、集体谈判和立法（Webbs，1914）。在此，他们解释到，集体谈判是

---

① 集体谈判的概念虽然最早出现在韦伯夫妇的著作中，但集体谈判的实践在英国和美国早就存在了。自19世纪50年代以来，在英国和美国，仲裁（arbitration）在宽泛的意义上就是指我们今天的集体谈判工作，并且，有时调解（conciliation）也被用来指称集体谈判工作，只不过那时这个概念用得更为宽泛（Vernon H. Jensen，1956：227）。仲裁和调解这两个概念与今天的含义存在着较大的差异，当时仲裁和调解工作的主要目的是政府用来解决产业动乱问题而提出的对策。工会和资方都认同这种在政府支持下对劳资关系的调解。只不过到了19世纪后期，在《工会法（1871—1875）》实施之后，英国工会才逐渐摆脱政府支持下的仲裁，而选择了直接与资方进行谈判的行为模式。在美国也一样，到了20世纪初期，随着工人运动兴起和工会得到法律的承认，工会也做出了同样的选择（Vernon H. Jensen，1956：228—229）。

工会为维持和提高会员生活水平的手段之一。工会的集体谈判与个体的市场谈判之间是存在巨大差别的，个体的市场谈判缺乏关于工作以及劳动力价格等信息的交流，谈判的结果只会引发工人之间的恶性竞争，从而降低工人的工资水平。但是工会可以作为工人的集体力量向雇主要价，从而可以提高工人工资和改善劳动条件。所以，集体谈判的优势不仅在于可以在企业、地区以及国家层面避免工人之间的恶性竞争，而且还可以保护个体工人的权益不受雇主侵害（F. David，2008）。

尽管韦伯夫妇在《产业民主》中没有清晰界定集体谈判的概念（M. Warner，Ng Sek－Hong，1999），但阿兰·弗兰德斯（Alan. Flanders）认为，他们的论述为后来的多元主义（pluralism）提供了非常有益的引导和基石，并且他们的著作中也隐含了多元主义对集体谈判本质的认识（1969）。所以在韦伯夫妇研究的基础上，弗兰德斯认为集体谈判的本质并不等同于市场中的讨价还价，集体合同也不是真正意义上的集体谈判，集体谈判的本质是劳资双方进行博弈的制度，是一个包含双方组织力量制定规则的过程（A. Flanders，1968）。他在著作中指出，个体的谈判是工人和雇主在劳动力市场交换条件的过程，谈判的结果会形成劳动合同。劳动合同确定了双方的交换条件，可以用来调解劳资双方存在的利益冲突。但通过集体谈判形成的集体合同，就不仅仅只保证单一的劳动力买卖双方利益的实现，而是要确保所有受合同覆盖的劳动力买卖方在劳动力价格和其他交换条件上受到合同条款的约束。所以，集体合同实际上成为规范所有劳动合同条款的实体性规则。基于此意义，集体谈判的本质是一种制定规则的过程（A. Flanders，1968）。

弗兰德斯的观点基本上代表了多元主义对集体谈判本质的

认识，在约翰·邓洛普（John T. Dunlop）等人的著作中也都表达了类似的观点。邓洛普在1958年的《产业关系系统》（*Industrial Relations System*）中并没有单独分析集体谈判，但他把集体谈判、调解、仲裁和立法都看成是制定规则网络（web of rules）的过程。劳方、资方与政府三方力量在外部环境下进行了力量的较量，最后形成了具体的程序性规则（procedural rules）和实体性规则（substantive rules）的规则网络（J. T. Dunlop, 1993/1958）。邓洛普之后的美国劳动关系学者也基本上承袭了他的思路，虽然托马斯·寇肯（Thomas. A. Kochan）在20世纪80年代根据美国产业关系的现状，对邓洛普的观点做了一定的调整，即在"战略选择模型"（strategic choice model）[①]中把集体谈判看成中观层面上的制定规则的过程（1980），但是，在集体谈判本质的界定上，他并没有做出太大的改变。

多元主义的观点虽然得到了学界很大程度上的认同，但对此也存有很多的质疑和批判。阿兰·福克斯（Alan Fox）认同弗兰德斯的论点，但是对他的论证却提出了尖锐的批判。福克斯认为，弗兰德斯基本上把集体谈判等同于个体谈判的集合，这是一个非常大的错误（1975）。具体来说，福克斯批判道：第一，工会代表工人与雇主进行谈判并不等同于个体在劳动力市场上的买卖，个体谈判是工人在寻求工作中的买卖，而集体谈

① 寇肯自20世纪80年代以来就一直倡导他们所提出的"战略选择模型"，在这一理论模型中，他们并没有像邓洛普那样关注宏观的产业关系结构，而是更注重对企业层面上的劳动关系主体的选择行为进行分析。他把企业层级的劳动关系的制度化结构概括为宏观、中观和微观三个层面，中观层面上的战略选择就是集体谈判，而宏观和微观层面分别是战略活动和工作场所活动（T. Kochan, 1980; T. Kochan, H. Katz & R. McKersie, 1986）。

判则是谈判代表寻求改变雇佣条件和环境的力量较量；第二，个体谈判是一个劳动力买卖的经济过程，但集体谈判并不仅仅是经济过程，同时它还是一个政治过程；第三，集体谈判的最终结果并不一定都会达成协议，也可能存在着谈判破裂甚至罢工的结果，如果从达成协议的结果来倒推集体谈判是一个制定规则的过程，未免太过于狭窄，集体谈判应该是一个组织中力量博弈的关系（A. Fox，1975）。面对弗兰德斯观点的缺陷，之后的一些学者对集体谈判的使用开始转向休·克莱格（Hugh Clegg）的观点，即认为集体谈判是产业民主的核心过程（P. Ackers，2007）。克莱格在分析产业民主时加入了工人参与（workers' participation）的概念，认为集体谈判是工人参与企业管理的一种核心形式，也是工会活动的中心过程（H. Clegg，1976）。

以上梳理了西方文献中对集体谈判本质的认识。那么，这些文献是否可以用来解释中国的集体协商①呢？如果不能，中国集体协商与欧美集体谈判在制度安排与实践中存在哪些区别？我们又该如何进行解释？很显然，二者之间存在着巨大的差异。罗奈尔得·布朗（Ronld C. Brown）指出，二者存在五大方面的差异：第一，谈判或协商双方在利益分歧和相互关系

① 在英文文献中，为了区别欧美国家的集体谈判与中国的集体协商，一般把“集体协商”翻译成 collective consultation。国际劳工组织 1981 年第 154 号公约《关于促进集体谈判的公约》对集体谈判给出了界定，即“第 2 条 为本公约的目的，‘集体谈判’一语包括在以一个雇主、一个雇主团体或一个或一个以上的雇主组织为一方，以一个或一个以上的工人组织为另一方进行的所有谈判，以（a）确定工作条件和雇用条件；和/或（b）调整雇主和工人之间的关系；和/或（c）调整雇主或其组织同一个工人组织或一个以上的工人组织之间的关系。”这条只界定了集体谈判的主体与谈判内容，是一个非常松散的定义界定。如果按照这个定义标准来界定中国的集体协商，中国集体协商也属于国际劳工组织的集体谈判范畴，只是在制度安排上与欧美国家存在着差异。

上存在着差异；第二，代表工人利益的工会存在着差异；第三，谈判或协商的范围与内容存在着差异；第四，谈判或协商代表的职责存在着差异；第五，集体合同的履行与法律责任存在着差异（2006）。除这些差异之外，中国的集体协商与欧美国家的集体谈判最大的差异还在于国家的作用与职责不同。

在欧美国家，集体谈判是劳资双方的博弈行为，正如贝威斯·马布里（Bevars D. Mabry）论述的，集体谈判在本质上是劳资双方的行为，尽管双方的行为在很大程度上会受到政府的影响，但最后做出决策和选择的仍然是劳资双方（B. D. Mabry, 1965）。但是，中国集体协商实施的却是一种“国家主导”的模式，关于这一点，学界高度认同（M. Warner, Ng Sek - Hong, 1999；S. Clarke, Chang - Hee Lee and Qi Li, 2004；常凯，2009）。他们认为，在集体协商中，不管是企业管理者还是工会，都不能自由代表雇主或员工的利益，二者都要服从于国家的直接指导，工资和雇佣条件的最终确定都要受制于地方政府实施的准则。所以，中国的集体协商是国家自上而下由行政力量推动的结果，而非自下而上劳资博弈的结果。①

学界认同中国集体协商的“国家主导”模式，但是在国

① 这里需要指出的是，国家主导并不等同于国家干预。在欧美国家，国家也对集体谈判进行干预，主要表现在通过立法赋予劳资双方集体谈判权利和确立劳资双方行为规范。例如，美国 1935 年罗斯福政府颁布的《国家劳资关系法》（*National Labor Relations Act*），它赋予工人加入工会和通过工会代表进行集体谈判的权利，但具体协商事务由劳资双方谈判确定。由此设立的全国劳动关系局（*National Labor Relations Board*）也只扮演两种角色：其一，确认工会代表权；其二，处理不当劳动行为。在实行“自愿主义”原则的英国更是如此，国家仅扮演制定制度的角色，而不直接参与集体谈判。

家推动集体协商的目的以及集体协商的本质上却存在着不同的见解。马尔科姆·沃纳（Malcolm Warner）等人认为，随着单位制的解体和新型经济形态的发展，当国家从劳动组织中撤出时，国家要主动积极推动集体协商。这主要基于两方面的考虑：第一，国家要对劳动力市场的工资状况进行宏观调控和规范；第二，国家要填补政府从企业中撤出之后的真空。总而言之，他们在几篇文章中都表达了一个共同的观点，即中国之所以要引入集体协商制度，是要延续国家对基层劳动关系的规范和管制（M. Warner, Ng Sek - Hong, 1999）。但是，西蒙·克拉克（Simon Clarke）等人却持有不同的观点。他们认为，集体协商制度为劳资冲突提供了合法化的解决渠道，但集体协商在规范劳动关系方面起到的作用却非常有限。进入市场经济之后，国家在劳动关系领域进行了三大制度建设，即劳动关系的合法化和契约化、劳动争议的三方机制以及企业层面的集体协商制度（S. Clarke, Chang - Hee Lee and Qi Li, 2004）。在文章中，他们引入了民主参与的概念，认为国家自上而下地建立集体协商制度，其目的不仅在于提供解决劳资矛盾的合法化渠道，更重要的是为工会民主参与企业事务提供合法化的制度与规范。

沃纳和克拉克等人的观点基本上代表了西方学界对中国集体协商的认识。他们虽有分歧，但在以下两点上存在着高度的共识：第一，中国集体协商实行的是自上而下的“国家主导”模式；第二，中国推动集体协商的目的在于延续国家对基层劳动关系的规制。对于“国家主导”模式，中国自1994年以来的集体协商工作非常清晰地凸显出这种模式的特征。①但是国家推动集体协商的目的到底是什么？“国家主导”的模式在实践中又是如何来实现这种目的的？在自上而下的“国家主导”模式中，“上”“下”是如何互动来推动集体协商工作的？国家层面使用了怎样的策略，地方政府和工会又扮演了怎样的角色和职能？对于这些问题，现有的西方文献都未做出很好的回答。

第二节 国家劳资治理策略与指标管理

中国学者对集体协商的研究目前主要集中于两大方面：第一，对集体协商制度的研究，以实现“劳动三权”② 为理念基础，从法学的角度分析《劳动法》和《集体合同规定》存在的缺陷与不足，以此来推动集体合同立法（关怀，1995；王全兴，1995；常凯，2002；程延园，2004）；第二，对集体协商工作存在问题的研究，在这一主题下，集中研究中国工会的代表性与独立性、谈判的形式化等问题（程延园，2004b；徐小洪，2004；郑桥，2003 等）。这两方面研究已涉及集体协商制度和实践中的方方面面，但对目前集体协商模式是如何自上而下推行的，特别是国家和地方层面是如何具体操作的，目前

① 自 1994 年《劳动法》颁布以来，党和政府为推动集体协商集体合同制度做出一系列的制度探索。特别是近年来，当劳资矛盾渐趋严重，因劳资矛盾而引发的劳资群体性事件数量也持续攀升的情况下，集体协商工作成为政府和工会调解劳资矛盾、调整劳资关系工作中的重中之重。政府和工会为推进集体协商工作作出了很大努力，在制度建设方面，随着 2004 年《集体合同规定》的修订，各地又相继出台了相关条例。

② “劳动三权”分别指自由结社权、集体谈判权和罢工权。

的文献仍少有分析。所以，以下将结合集体协商制度与政策，对“国家主导”模式的实践运作给予分析。

一、劳动关系治理策略

沃纳等人认为国家推行集体协商制度是要填补政府从企业组织中撤出之后的空白，从而重新制定基层产业秩序。这一解释只能说明国家高度重视集体协商工作，但是，如果国家如此重视这项工作，那么为什么在实践中又会出现一定程度的形式化的问题呢？在这一点上，沃纳等人的观点是没有说服力的。克拉克等人认为国家推动集体协商的目的在于为工会民主参与提供合法化的制度与规范。目前，大部分企业签订的集体合同条款都类似于法律条款，法条化的条款可操作性并不强，并且工会对企业能否有效履行合同也缺乏约束力。那么，国家推动集体协商的目的到底是什么？

我们认为，国家最终的目的是要把劳资双方都纳入到一定的法律制度框架之内，使劳资双方行为能够实现法治化和契约化，从而化解劳资矛盾，维护基层产业的良性运转秩序。在此意义上，沃纳等人对国家目的的判断并未出现太大的偏差，但是这种法治化和契约化的规范行为并不等同于简单的控制与规范。随着劳动关系市场化程度越来越高，以及国际环境和产业结构调整的持续影响，近年来基层劳资矛盾越来越严重，由劳资矛盾引发的群体性事件也呈现持续增长的趋势。为稳定和维护基层产业秩序，国家试图寻找一条化解劳资矛盾的制度途径。如果仅凭处理突发性事件的应对办法和措施，这种事后被动的应对模式很难维护基层产业秩序，所以需要寻找一种制度化和常规化的模式来化解劳资矛盾。在现有的制度框架下，集体协商制度是较为合适的选择。从1994年确立集体协商和集体合同工作以来，实际上真正推动这项工作进程的时期与两次劳资矛盾爆发的高峰期都是直接相关的。第一次是21世纪初，经过10多年的市场经济之后，劳资关系处于一种无序发展的状态，劳资关系急剧恶化。所以，21世纪初，全国总工会成立集体合同部，并且当时的劳动和社会保障部于2004年修订了《集体合同规定》。第二次是2008年金融危机爆发之后，劳资群体性事件增发，为稳定劳资关系，全国总工会大力推动工资集体协商，并积极开展区域性、行业性工资集体协商，各地政府纷纷出台集体合同相关规章制度，大力推动工资集体协商。

但与此同时，沃纳和克拉克等人都未看到进入21世纪以来，国家治理劳资矛盾技术的转变。国家要将劳资双方行为法治化和契约化，并不是要进行简单的控制，而是转变为自上而下的项目管理和指标管理的策略。根据渠敬东等人的观点，自进入21世纪以来，国家权力已实现了从总体性支配向技术治理的转变，并将法治化、规范化、技术化和标准化作为行政建设和监督的核心议题，从而实现从经营到治理的转变（渠敬东等，2009）。对于此主题，经济学研究人员已做了大量的研究[①]，劳资关系领域中也存在同样的问题。指标管理成了集体协商工作的核心。人力资源和社会保障部、全国总工会以及国

---

① 周黎安．晋升博弈中政府官员的激励与合作．经济研究，2004（6）；张晏，龚六堂．分税制改革、财政分权与中国经济增长．经济学（季刊），2005（4）；吴一平．财政分权腐败与治理．经济学（季刊），2008（3）；徐现祥，王贤彬．任命制下的官员经济增长行为．经济学（季刊），2010（4）．

家协调劳动关系三方会议①向地方下发指标，而地方政府和工会要使用各种各样的策略来完成指标考核。

但是在国家推动集体协商工作中，正如渠敬东等人提到的，国家更偏重对指标完成手段的管理，实行的是目标管理的策略，对地方政府与工会具体完成指标的技术与技巧并没有太多的干预。所以，地方政府和工会在“合法”“合理”的范围内，可以使用各种策略和途径来完成指标。按照集体协商的本意，集体协商应是劳资双方通过谈判博弈，确定劳动报酬、工作时间、休息休假、劳动安全卫生、职业培训、保险福利等事项。但在注重指标结果而非完成过程的治理模式下，则可能会出现集体协商形式化的现象，使集体协商并非劳资博弈，而成为一场以指标为导向的体制内部考核与评估。但是，这样做的结果是，集体协商演变成了一场国家和地方围绕指标考核而进行的体制内互动。

二、指标管理

在这套指标考核体系中，全国总工会和国家协调劳动关系三方会议通过控制指标来推动集体协商工作，这充分体现了国家对劳资关系治理的思路。指标考核既是对制度化建设的有力推动，同时也是对地方和基层工作的一种激励。在这场互动中，签订集体合同数量和扩大覆盖面成为推动集体协商工作的标志，集体协商也并非劳资双方的协商，而成为地方党政联合工会与企业的博弈。

---

① 国家协调劳动关系三方会议由“三方机制”的三方主体组成，即全国总工会、人力资源和社会保障部以及中国企业联合会/中国企业家协会。

（一）国家层面的战略“指标”

从全国总工会的工作实践中，我们可以非常明晰地厘清推动集体协商的两条工作思路：其一，在“面上”，制定合同全覆盖的最高目标，采取“运动”的方式在全国铺开集体协商工作；其二，在“点上”，总结地方的“典型”经验，并在全国范围内进行推广。为了达到集体协商全面铺开的目标，人力资源和社会保障部、全国总工会以及国家协调劳动关系三方会议制定了多个战略部署。例如，国家协调劳动关系三方会议于2010 年下发的《关于深入推进集体合同制度实施彩虹计划的工作方案》，全国总工会于 2010 年提出的“两个普遍”，以及全国总工会于 2011 年下发的《中华全国总工会 2011—2013 年深入推进工资集体协商工作规划》。

在这些战略部署中，人力资源和社会保障部、全国总工会以及国家协调劳动关系三方会议从国家层面为集体协商工作定了基调，提出了最高目标任务。例如，《关于深入推进集体合同制度实施彩虹计划的工作方案》中规定：从 2010 年到2012 年，力争用 3 年时间基本在各类已建工会的企业实行集体合同制度。其中，2010 年集体合同制度覆盖率达到 60% 以上，2011 年集体合同制度覆盖率达到 80% 以上。中华全国总工会十五届四次执委会议为“两个普遍”设定的目标：力争到 2012 年，基本在各类已建工会的企业依法全面推行工资集体协商制度。《中华全国总工会 2011—2013 年深入推进工资集体协商工作规划》设定的目标：从 2011 年起，用 3 年时间，到 2013 年底已建工会组织的企业 80% 以上建立工资集体协商制度，基本实现已建工会企业普遍开展工资集体协商，其中实现世界 500 强在华企业全部建立工资集体协商制度。

国家层面设定明确的战略目标对指导推动全国性工作是非常有益的，但是，我们发现，衡量国家战略目标的标准主要用的是单一的数字化指标。例如，《中华全国总工会 2011—2013 年深入推进工资集体协商工作规划》规定：2011 年底实现已建工会组织的企业工资集体协商建制率达到 60%，2012 年底实现已建工会组织的企业工资集体协商建制率达到 70%，2013 年底实现已建工会组织的企业工资集体协商建制率达到 80%。这些指标虽然很明确，但用数字化的指标来指引全国集体协商工作，注重的仅是集体合同的数量和覆盖面，对于合同的质量问题并没有设定明确的目标。所以，只注重覆盖面的指标可能会演变成一场指标数据的考核。

国家层面下达的指标可能会陷入数字游戏的困境，但是指标化管理却体现出国家治理劳资关系的新转变。这种新转变体现在两方面：第一，指标化管理使国家对地方的工作绩效有了更简单且明确的考核标准，由简单控制基层劳资关系转变为对地方的指标考核。同时国家只强调目标考核，为地方的工作也留下了巨大的发挥空间，这样可以激发地方政府和工会使用各种策略来完成指标。第二，国家通过设定指标引导地方工作的重点和方向。自 2008 年以来国家颁布的相关政策与文件中，集体协商的工作重点和难点集中在外资企业和中小型非公企业，二者都是目前劳资矛盾最严重，同时也是工会工作最薄弱的领域。所以，国家设定的指标有针对性地指向这两个领域，体现了国家对劳资关系治理的基本思路。例如，《中华全国总工会 2011—2013 年深入推进工资集体协商工作规划》中提出，要抓好区域性、行业性工资集体协商，抓好非公有制企业工资集体协商制度建设，抓好世界500强在华企业建制工作。前两个要求强调的是中小型非公有制企业方面，而第三个则放在外资企业方面。在这两个领域中，工会力量都比较薄弱，集体协商工作推动起来较为困难，特别是在外资企业尤其如此。所以，该规划在具体目标任务中也特别强调了外资企业集体协商建制率的指标，例如，2011年底实现世界500强在华企业工资集体协商建制率达到80%以上，2012年达到90%以上，2013年建制率达100%。这些为地方工作指出了重点，指明了方向。

（二）地方层面的落实"指标"

在具体实践工作中，"国家主导"模式下的指标，在国家层面和地方层面也存在差异。国家层面的指标更像是一种战略目标，而传达到地方则演变成了"政治任务"。地方政府和工会除了要制定相关配套实施计划之外，还要设定与国家层面目标相一致的硬性落实指标。例如，在笔者调查的H省，每年3至6月，省总工会、省人力资源和社会保障厅、省国资委、省工商联、省企业联合会五个部门要联合开展工资集体协商"百日行动"。2011年，五个部门联合下发的《关于在全省开展工资集体协商"百日行动"实施方案》中明确规定了硬性指标：力争在2011年6月底前，各地85%以上的企业建立工资集体协商制度，其中国有及其控股企业、世界500强在本地投资企业、开发区（工业园区）企业、规模以上企业基本实现全覆盖。同时还制定了三个"一百"计划，即"实施百家知名国有企业集体要约计划，实施百家外资企业要约计划，实施百家知名民营企业要约计划"。省总工会等五部门发布工资集体协商指标之后，各市、区、县也相应转发和出台相应的“落实”指标，层层落实下来，工资集体协商指标变成了各级政府和工会需要完成的“政治任务”。

在 H 省，工资集体协商被纳入了各级党政考核指标体系。2010 年 6 月，H 省办公厅下发了《关于进一步推进工资集体协商工作的意见》。这份意见将工资集体协商纳入党政政绩考核体系，即“县级以上政府要将工资集体协商建制率和职工工资增长率列入对各设区市、县政府及有关部门的目标考核指标体系，由省协调劳动关系三方负责对各设区市和省有关部门下达考核目标并实施考核”。在这样的“政治任务”目标下，工资集体协商不仅是工会的工作，也是各级政府的任务；政府和工会推动工资集体协商就不单单是为了维护职工合法权益，而且关系到各级政府的工作考核。H 省并非特例，2011 年 1 月至 7 月，全国就有 15 个省将工资集体协商纳入政府目标考核体系。

从战略指标到“政治任务”，从劳资博弈转变为政府绩效考核指标，这些都充分说明国家治理劳资关系技术与策略的转变。一旦集体协商成为政府考核指标之后，指标的完成情况就与政府和工会领导的考核激励直接挂钩。国家实行指标化管理，不仅给地方政府和工会设定了考核标准，也为地方政府和工会协调基层劳资关系设定了激励机制。在国家只强调目标管理的情况下，地方各级政府和工会就会在实践中创造出各种途径，并调用各种资源来完成甚至超额完成指标。

第三节 “完成指标”策略与形式化的困境

在国家治理劳动关系模式下，近年来中国的集体合同数量和覆盖率几乎呈直线上升的趋势。拿H省来说，仅工资专项集体合同一项，截至2011年10月，全省签订工资集体合同4.6万份，覆盖企业7.5万家，覆盖职工686万人。在H省省会城市S市，截至2011年9月，全市建立了工资集体协商制度的企业达12963家，建制率达到了94%，覆盖职工94万人；签订行业工资协议29份，覆盖企业1685家；仅2011年，行业工资协议覆盖的企业新增712家，新增职工3.5万人。这样的数据，自然体现了地方党、政、工为推动集体合同与工资集体协商工作做出的共同努力。那么，地方层面是如何完成这些指标的？完成指标的背后又存在着怎样的问题？

一、“完成指标”的策略

在调查中我们发现，地方政府和工会在实践中围绕考核指标使用了多种策略。一是主要制度化的“要约行动”和非制度化的“监察督促”；二是尽可能扩大区域性或行业性工资集体协商，通过区域性或行业性集体合同来扩大合同的覆盖面。

（一）制度化的“要约行动”

工会向企业提出集体协商“要约”，这是法律赋予工会的权利，《工会法》《中国工会章程》《劳动合同法》以及《集体合同规定》等对此都做出了明确的规定。但是，在企业拒绝“应约”的情况下，目前的法律法规并未赋予工会相应的手段和可操作的办法。尽管如此，作为制度化的法律手段，“要约行动”往往是工会推动集体协商工作的首要手段。

在H省，工会除了在日常工作中向企业提出要约之外，还在每年3月与工资集体协商“百日行动”的同时推动“要约行动”。全省每年3月都要统一开展工资集体协商“要约行动”，并且全省各地要结合实际情况，创新要约的方式，“通过企业主动要约和工会要约相结合、基层工会要约与上级工会代行要约相结合、集体要约与个别要约相结合，企业工会要约与区域、行业要约相衔接，开展多层次、多形式的协商要约”，最后在全省形成“基层工会主动要约——企业行政积极应约——上级工会提出整改——人力资源和社会保障部门执法检查”的要约工作链。

“要约行动”对督促企业应约，签订工资集体合同具有一定的效果。企业面对的不仅是企业工会的要约，还包括上级工会联手政府一起的要约。在H省，省总工会与省人力资源和社会保障厅还建立了“对账”制度，制度规定：“对于拒不应约、拒不依法开展工资集体协商的企业，对其进行监督执法，依法查处。”“要约行动”变成一场由企业外部联合推动的工作，而非企业内部劳资双方的协商行为。这种企业外部力量联手推动“要约行动”的行动已成为H省的普遍模式。例如，2011年H省省会城市的工会、政府和企联三家联合起来，组织开展了300多家市直属企业参加的大规模“集体要约”行动。H省另一城市还制定了“代理工资集体协商试行办法”，明确规定由上级工会进行“要约”代理。在企业外部联合力量的督促下，只要集体合同不影响企业的正常经营和效益，大部分企业都会应约，并签订集体合同。

（二）非制度化的“监察执法”

作为一项纳入了政府政绩考核体系的任务指标，推动集体协商的不再仅是工会自己的任务，而是需要政府和工会一起完成的工作。在工会力量无法推动工作的情况下，工会可以联合政府的力量共同推进。除了上述正式的制度化“要约行动”之外，在实践中，各地还出现了一些非制度化的做法。

在H省，我们看到了两种做法：一是自上而下的党、政、工联合领导与督促。2011年1月，省委专门发文，成立了由省委副书记任组长、15个行政单位负责人为成员的领导小组，同时制定了各成员单位的《责任分工》文件。全省11个设区市和大部分县也都成立了由党政领导任组长的领导组织。省总工会、省人力资源和社会保障厅与省企联联合下发了《关于建立乡镇（街道）工资集体协商指导小组的意见》。在这份《意见》的指导下，全省2219个乡镇（街道）普遍建立了由党委负责人或工会主席任组长，由乡镇（街道）工会、人社、工商、司法、税务、财政、企业代表组织等部门人员组成的工资集体协商指导小组。同时，各级工会还借助三方机制的职能，采取联合发动部署、联合组织实施、联合督导检查、联合表彰奖励等措施，协助推进工资集体协商工作。由此，H省形成了自上而下、党政主导、各方行政力量相互配合的工作格局。

二是借执法监察之名推动工资集体协商。完成工资集体协商是党政和工会的一个硬性指标，所以，工会可以在工作中借助行政部门的力量，在行政执法的帮助下督促拒不应约、拒不开展工资集体协商的企业推动工作。目前，法律并未对拒不应约企业的处罚进行明确规定，但在实践中，工会可以联合行政部门的力量，以其他名义督促企业签约。例如，工会往往借助劳动监察、卫生监察、安全检查以及税收、经营检查等力量开展工作，其目的自然并不在于执法检查结果，而是督促企业尽快进行工资集体协商应约并签订集体合同。在访谈中，一位负责人这样表述：

> 企业坚持不应约，目前工会在法律上是没有太多办法的。但是，我们工作中办法多的是，只要随便用一个法子就能让他们来谈。你比方说，我们可以进工厂查他们的用工情况，实际上也不是真要查，就是起到敲山震虎的作用。去了之后，企业也知道怎么回事，有些企业也不太敢惹事，说我们马上开展工资集体协商。办法多的是，可以借税务、工商的办法，去查他们是否偷税漏税，只要你去查，最后都能签集体合同。

（三）扩大区域性和行业性工资集体协商

正式的“要约行动”和非正式的“监察执法”督促，并不能促使所有的企业进行工资集体协商。对于正式的“要约行动”，仍然有很多企业不予理会。例如，H省省会城市有一年在“要约行动”中向77家市百强企业和14家市领导联系的重点企业发出工资集体协商敦促函，但仅有不到一半的企业给予了回函。非正式的“监察执法”督促又会影响政府、工会与企业的关系，对于那些拒不应约的企业，政府和工会在工作推进中也存有顾虑。所以，在推进企业工资集体协商工作存在巨大困难的情况下，为扩大集体合同的覆盖面，一些地方又重点开展区域性和行业性工资集体协商工作。

通过以上行动，H省集体合同的数量和覆盖率都实现了较大增长，而且不仅仅是工会，地方党政各个部门都加入了这场运动之中，形成了“党政主导、各部门参与、工会运作”的工作格局。

根据全国总工会的统计，2006年，全国签订区域性集体合同6.6万份，覆盖企业75.3万个，覆盖职工2958.5万人；行业性集体合同1.9万份，覆盖企业17.2万个，覆盖职工1287.0万人。到了2010年，全国签订区域性集体合同18.1万份，覆盖企业110.8万个，覆盖职工4537.7万人；行业性集体合同13.0万份，覆盖企业39.3万个，覆盖职工2276.4万人。随着数字技术的快速发展和新就业形态的发展壮大，区域性和行业性工资集体协商又成为新时期推进工资集体协商工作的重点。2020年6月30日，海南省全省基层工会规范化建设现场经验交流会提出，要及时研判劳动关系和就业形态的新特征新问题，积极探索快递、外卖等新就业、新领域行业集体协商模式，推动行业协商覆盖新兴行业和新就业群体，切实维护新兴行业职工合法权益。由此可以看出，签订区域性和行业性集体合同是扩大集体合同覆盖面最为直接的补充，通过此类做法，集体协商能够实现覆盖企业数量和职工数量迅速扩大，从而有效地保证了集体合同的签订指标。

二、形式化的困境

地方层面使用各种策略来完成指标考核，但在集体合同背后，一些地区存在集体协商形式化的困境。具体来说，其表现在三大方面：有“协商”但无“博弈”、有合同但合同“法条化”、“重”合同签订但“轻”合同履行。

（一）“无博弈”的协商过程

按照《集体合同规定》的有关规定，集体合同必须由用人单位和职工进行“博弈”协商之后再行确定。① 但是，在调查中我们发现，企业在协商过程中力量过于强大，工资和福利待遇等多由企业管理方决定，而企业工会作为职工代表力量较为薄弱，在协商中无法与企业进行有效博弈。双方站在力量不均衡的平台上，协商的过程很难形成博弈的局面。“无博弈”的协商过程导致的结果是，一些企业签订集体合同类似于“走过场”。

“无博弈”的现象不仅体现在企业层面，在一些区域性和行业性工资集体协商中体现得更为明显。在一些区域性和行业性工资集体协商中，不但企业工会缺乏有力的博弈力量，而且许多企业都未参与协商过程。在推动区域性和行业性集体合同的工作中，区域性集体合同由地方工会与企业代表组织签订，而行业性集体合同则由行业工会或地方工会与企业代表组织签订。调查发现，企业代表组织很少组织所代表的企业进行内部协商，在签订合同过程中，也很少真正与工会进行协商与“博弈”。一位主管集体合同工作的领导在访谈中谈到“无博弈”协商过程存在的问题：

在协商过程中，我们也发现了一些问题。一方面，很

① 《集体合同规定》第三条：本规定所称集体合同，是指用人单位与本单位职工根据法律、法规、规章的规定，就劳动报酬、工作时间、休息休假、劳动安全卫生、职业培训、保险福利等事项，通过集体协商签订的书面协议。

多工资集体协商仍然存在有合同无协商、无博弈过程的问题。在为了完成上级下达的集体合同指标的情况下，有的工会干部为了完成任务，就签订行业集体合同，通过在一个行业中找一个行业企业代表来代表所有企业签订工资集体协商合同，但是这个代表能不能代表所有的企业却是个问题。即使企业代表愿意签订集体合同，但下面的企业却不一定都愿意实施工资集体谈判。另一方面，一个协商如果没有博弈、没有争论，这肯定不会是一个好协商，协商是涉及个人利益的，如果一个协议雇主和劳动者都没有任何异议就同意了，这意味着协议没有触及协商的实质，达不到实质效果。

（二）“法条化”的集体合同文本

集体合同在“无博弈”的情况下签订，导致合同条款存在“法条化”的现象。在关于H省的调查中我们发现，不论是企业层级的集体合同，还是区域性和行业性集体合同，许多合同是上级工会下发的集体合同“样本”。在合同形式以及具体条款上，有的合同大量照抄法律法规，很少有按照企业或区域、行业的特殊性进行细化的条款。这种照搬法律条文的合同虽然在内容上不违法，但在履行中却存在很大的问题：一方面，合同条款难以操作，法律规章制度都是原则性条款，只有结合企业具体实情的条款才便于操作和细化；另一方面，合同条款使用的是最低劳工标准，如果集体合同也同样使用最低劳工标准，那么就违背了集体协商的本来意图，就违背了集体协商的宗旨。[1] H 省总工会也非常清晰地认识到这一问题。主管集体合同工作的领导对此问题的认识：

> 我们现在的情况是“有合同、无硬件”。在检查集体合同时，我们发现有的合同就是简单摘抄法律条文，都是一些劳动法律规定，说明我们的基础工作还很薄弱。在我们检查的一个小企业的集体合同，还出现了“工资按照法定货币支付”这样的内容，这完全是摘抄法律原文，连这么明显的地方都没有改正过来。我当时就批评他们，这是连抄都不会抄啊！现在工资集体协商是一定不能走集体合同的老路了，要做到“细化、量化、硬化”，要细化到岗位、计件的计算方法，做好劳动定额的计算方法，标准是基础。这些都是薄弱的点，目前要改变还是很困难的。

（三）“软约束”的合同履行

目前集体协商工作虽有党政的高度重视，但是，党政和工会的主要精力都集中在签订集体合同阶段，对集体合同的履行，目前既缺乏相应的法律法规进行约束，也缺乏可细化的工作规范。集体合同作为约束劳资双方行为的契约，应该在实践中得到履行，否则契约将变成一纸空文。在关于 H 省的调查中我们了解到，在上级政府和工会的大力推动下，企业虽然签订了集体合同，但是上级政府和工会既无精力又无制度化的规

---

① 最低劳工标准是法定的最低用工标准，一旦低于最低标准则属于违法，这些条款由法律法规界定而无须协商，只有高于法定最低标准的内容才需要集体协商。

范来督促每个企业履行合同，所以只能依靠有限的几次检查来督促企业。H 省建立了集体合同督导检查制度，即把每年 10 月定位为全省“定期督导检查月”，由厅级领导干部带队，对全省工资集体协商情况进行督导检查。这样有限的几次检查并不能替代日常监督，在一定程度上很难约束企业的行为。在整个集体协商工作中，一些地区出现了“重签订、轻履行”的情况。一位主管集体合同工作的领导在访谈中很好地概括了目前集体合同实施效果的具体情况：

> 现阶段工资集体协商发挥的作用还不够理想，没有真正达到剩余价值共享的目的。现阶段制定工资的主体，仍然是老板而不是集体，没有充分体现职工利益。在企业中，职工素质不高，工会主席的地位也比较尴尬。老板的地位、层次比较好，有很好的意见表达途径，可以向上级领导进行游说，但是职工文化水平有限，也没有意见表达的途径，职工和老板能够获得的信息也不对称，导致整个工作推进起来比较复杂，而职工却看不到这些，当看到工会工作没有明显进展的时候，就会出现不知道、不理解、不买账的情况。

综合来看，对于一些地区的工资集体协商工作，一方面，党政领导高度重视，并且成为政府考核指标体系的一部分；另一方面，工资集体协商工作又普遍出现形式化的问题，导致的结果是有“签订”而无“博弈”，有“合同”而无“履行”。如果我们进一步分析，这对矛盾在现实工作中并不矛盾。一些地方党政高度重视工资集体协商工作，重视的是签订集体合同的数量，而并非促使劳资双方进行真正的博弈；重视的是集体合同的覆盖范围，而并非集体合同实施的效果。签订集体合同、完成指标考核是一些地方党政和工会推进集体协商工作的核心，衡量工资集体协商工作的标准也并非合同的执行效果，而是合同完成数量和覆盖面的指标。

第四节　集体协商：谁的博弈

理查德·沃尔顿（Richard Walton）和罗伯特·麦克西（Robert McKersie）在20世纪60年代中期把欧美国家的集体谈判方式主要分为四种：分配式谈判（distributive bargaining）、整合式谈判（integrative bargaining）、态度的构架（attitudinal structuring）和组织内谈判（intraorganizational bargaining）（R. Walton, R. McKersie, 1965）。他们对欧美国家集体谈判方式的概括得到了学界的普遍认可，那么，我们是否也可以用这四种谈判模式来分析中国的集体协商模式？答案是否定的。

沃尔顿和麦克西的四种谈判方式的背后隐含了两个基本前提：第一，在集体谈判中，政府、工会和企业方的角色是非常明确的，政府是规则的制定者，工会和企业方是博弈的主体；第二，谈判的目标是明确的，即对工资和劳动条件达成协议。但是，中国集体协商模式在这两个问题上与欧美国家存在着根本性的差异。第一，在“国家主导”的模式中，政府不仅是规则的制定者，还是真正的博弈主体，工会的角色也不仅是职工的协商代表，还扮演着“代理政府”的角色；第二，谈判不仅要确定工资和劳动条件，更主要的是要提高签订集体合同的数量和覆盖面。所以，要分析中国“国家主导”的集体协商模式，就有必要分析政府和工会在其中扮演的角色。

一、政府："第三方"角色的转变

在欧美国家的集体谈判中，尽管政府介入的程度存在差异，但是政府作为"第三方"的角色是相同的。政府"第三方"的角色主要体现在：第一，政府是集体谈判制度和规则的制定者，政府通过法律法规的形式介入集体谈判；第二，政府是劳资纠纷的调停者和仲裁者，虽然在一些国家存在一定的差异，但大多数国家都规定，当集体谈判出现争议的情况下，政府可以通过"第三方"的身份介入。与欧美国家不同的是，中国的地方政府在集体协商中不仅扮演"第三方"的角色，还直接参与整个协商过程，并成为整个协商的主导。在《劳动法》及《集体合同规定》等法律法规中，政府被赋予的还是"第三方"的角色，这种角色与欧美国家相差无几，但是在"党政主导、各方参与、工会运作"的工作模式中，一方面，政府扮演"第三方"的角色，制定集体协商的制度与规则；另一方面，在签订集体合同和扩大覆盖面的工作中，政府作为主导者，直接成为与资方博弈的主体。所以，中国集体协商虽然在法律上仍然被界定为劳资博弈，但在具体工作中则成为党政联合工会与资方的博弈。

政府角色的这种转变主要体现在两大方面。第一，政府直接成为集体协商工作的主导。党政主导的工作模式，既体现了党政对集体协商工作的重视，同时也体现了党政成为主导的角色。在现有的法律法规中，当企业拒绝集体协商应约时，工会并无明确的程序和规则要求企业应约，只能求助于政府，但法律法规又没有明确规定政府处理该工作的具体程序和规则。《集体合同规定》第五十六条规定：用人单位无正当理由拒绝工会或者职工代表提出的集体协商要求的，按照《工会法》及有关法律、法规的规定处理。但是，2001 年修订的《工会法》第五十三条规定：违反本法规定，有下列情形之一的，由县级以上人民政府责令改正，依法处理：……（四）无正当理由拒绝进行平等协商的。虽然此条款规定了政府的职责，但是并未就如何具体进行操作做出明确规定，所以有些地方出台的集体合同制度规定用罚款的形式进行处理。党政主导的工作模式是利用党政的力量来弥补制度上的缺陷，督促企业应约，并签订集体合同。一旦企业拒绝应约或拒绝签订集体合同，集体协商就演变成了地方政府和企业之间的博弈。

第二，多个政府部门直接参与集体合同的签订工作。在《工会法》和《集体合同规定》中，仅有劳动保障行政部门作为政府的代表参与集体协商的监督和审查工作。例如，《集体合同规定》第七条规定：县级以上劳动保障行政部门对本行政区域内用人单位和本单位职工开展集体协商、签订、履行集体合同的情况进行监督，并负责审查集体合同或专项集体合同。但是近年来，这种工作局面发生了转变，不仅劳动保障行政部门参与集体协商工作，而且十多个政府部门直接参与督促企业签订集体合同的工作。人力资源和社会保障部发布的《关于深入推进集体合同制度实施彩虹计划的通知》中规定：要在当地党委、政府领导下，建立由人力资源社会保障部门主要领导牵头，协调劳动关系三方主管领导具体负责，有关职能部门参加的工作协调领导机构，形成政府部门主导、三方协同、多方支持、企业和职工积极参与的工作机制。除了三方之外，多方支持主要指相应的政府部门都要参与督促集体合同签订的工作。在地方层面，我们所调查的 H 省，省委专门发文，成立了由省委副书记任组长，15 个行政单位负责人为成员的领导小组，并且还制定了各个成员单位的责任分工文件。这 15 个单位基本涵盖了相关行政机构，包括工商、税务、财政、司法、监察以及安监等行政部门。多个行政部门的直接参与，加强了政府直接介入集体协商的力度。

通过以上分析我们可以看出，政府在集体协商工作中不再是“第三方”的角色，就签订集体合同工作来说，地方政府也扮演了与资方博弈的角色。

二、工会：“双重代理”的角色

中国工会既具有国家属性又具有社团属性，这一点已成为学界的共识（陈佩华，2001；陈峰，2003）。工会的“双重属性”在集体协商工作中体现得尤其明显，它既要坚持党的领导，维护社会稳定，同时又要体现作为职工群众代表者的角色，扮演的是“双重代理”的角色。工会作为职工群众利益的代表，这是法律法规赋予的角色，《工会法》《劳动法》以及《集体合同规定》都有明确规定，这种法定角色一直没有发生改变，只不过在“党政主导、各方参与、工会运作”的工作模式中，工会直接参与集体协商的层级越来越高。《工会法》《劳动法》以及《集体合同规定》中规定的集体协商的协商层级都限于企业层级，但近年来工会参与集体协商的层级越来越高，除了企业层级之外，区域和行业层级也成为工会工作的重点。同时，在企业层级集体协商工作难以取得进展的情况下，“上代下”的要约模式也成为各地集体协商的普遍模式。在以往的法律法规中，上级工会只有指导职责，例如，《工会法》第二十条规定：工会签订集体合同，上级工会应该给予支持和帮助。但是，在党政主导的工作模式中，上级工会要直接参与协商要约行动。在H省，每年的“百日行动”和创新的要约新机制，都体现出“上代下”的特征。上级工会不但有对企业层级集体协商的“支持”和“帮助”的职责，而且要履行直接参与集体协商的职责。

与此同时，工会又成为党政的“代理者”角色，例如，在集体协商工作出现劳资冲突时，工会以“第三方”的角色介入调解，并且在“党政主导、各方参与、工会运作”的工作模式中，工会“代理政府”的角色得到强化。在以往集体协商工作中，工会仅凭自身的力量来推动集体协商，但是在党政主导的工作模式中，随着党政对整个集体协商工作承担主导职责，而且多个政府部门直接参与，工会就可以借用政府部门的行政力量来推动集体协商工作。所谓工会运作，运作的是政府的权力与力量，从中体现出了工会“代理政府”的角色。针对拒绝协商应约或拒绝签订集体合同的企业，工会可以通过人社、司法、税务、工商以及安监等部门协助进行处理。如果说“上代下”模式是为了解决目前企业工会在集体协商中缺乏独立性的难题，那么，强化工会“代理政府”的角色就是要解决上级工会缺乏行政执法权的困境。工会作为社团组织，并不拥有行政执法权力，所以在企业拒绝应约或拒绝签订集体合同的情况下，工会缺乏相应的应对手段。但是通过多个政府部门的直接参与，工会可以凭借行政力量与企业进行博弈，在这一过程中，工会的力量大幅增强。

综合上述的分析，我们认为，中国的集体协商已不仅仅是劳资博弈，而演变成了党政联合工会与资方的博弈。政府“第三方”角色的转变以及工会“代理政府”角色的强化，实际上都说明目前推动集体协商工作的主导是行政力量。

集体协商是国家治理劳动关系的一个重要组成部分，当国家面对矛盾突出的劳动关系时，试图通过指标化管理把劳资双方行为都纳入法治化和契约化的道路。但是，在这套治理技术中，国家过于强调目标管理，而未对实现目标的过程与途径加以重视。这导致的结果是出现一对矛盾：一方面集体协商工作越来越受政府和工会重视，而另一方面集体协商形式化问题依然严重。

当集体协商工作成为地方政府的绩效考核指标时，完成指标和领导人的考核直接挂钩。在此背景下，地方政府和工会必然会结合当地的实际情况，充分调用一切资源来完成指标。在完成指标的过程中，一些地方政府和工会就会使用各种各样的策略，而不是推动劳资双方来真正进行博弈。之所以如此，是因为一些地方政府和工会存有两方面的担心：其一，推动劳资双方博弈势必会提高企业用工成本，影响投资环境，导致地方经济受损；其二，劳资双方博弈可能会带来无法预知的后果，一旦谈判破裂可能会引起劳资之间的剧烈冲突，当地方政府和工会都没有控制局面的把握时，容易导致基层产业秩序更为混乱，政府和工会掌控的难度也会加大。所以，有的地方政府和工会综合各方面因素，在既要维护当地的稳定和发展，又要完成指标任务的情况下，则可能会使用上述策略来完成指标任务。但是，这些策略的使用则背离了集体协商的本质，要想解决这一问题，需要在劳动关系协调和国家治理技术上加以完善。

第八章

未来工作与劳动关系治理

1999 年，国际劳工组织在第 87 届国际劳工大会上首次提出了体面劳动的概念，并认为“国际劳工组织目前的首要目标是帮助女性和男性在自由、公正、安全和有尊严的前提下获得体面的和富有成效的工作”。经过 2005 年联合国全球峰会和 2006 年的联合国经社理事会高级别会议，国际劳工组织确定了体面劳动的四大战略目标，即创造就业、保障工作中的权利、扩大社会保护以及推进社会对话与矛盾化解。[①]国际劳工组织认为，通过落实这四大战略目标，可以解决体面劳动中的许多“赤字”。这些“赤字”表现形式多样，并在国际社会中一直难以得到有效解决。正如国际劳工组织前总干事胡安·索马维亚（Juan Somavia）2006 年所说的，“这些‘赤字’表现为很多形式：失业和不充分就业、工作岗位的质量和生产力低下、工作不安全、收入无保障，正当权利被剥夺以及性别不平

① 四大战略目标分别为：创造就业——经济体要能为投资、创业、技能发展、创造工作岗位和维护可持续生计提供各种机会。保障工作中的权利——承认和尊重工人的各项权利。所有工人，特别是处于弱势地位的或贫困的工人，需要有代表权和参与权，并且要有良好的法律来维护而不是违背他们的利益。扩大社会保护——通过确保男性和女性拥有良好的工作条件来促进社会融合和提高生产力，良好的工作条件包括工作安全有保证、允许有充分的业余时间和休息、重视家庭和社会价值、在失去收入或收入减少时提供适当的补偿，以及享有适当的医疗保障；推进社会对话与矛盾化解——贫困人群理解谈判的必要性，也懂得对话是和平解决问题的方式。在强有力且独立的工人组织和雇主组织的参与之下，社会对话是提高生产力、避免工作中的争议以及建设凝聚型社会的核心所在。

等。这些问题在流动工人这一群体中表现尤为突出，他们更容易受到剥削，缺乏代表来反映他们的利益和心声，他们因生病、伤残和年龄老化而致使收入减少时也不能得到适当的保障”。

经过多年发展，当前世界在体面劳动中的许多“赤字”仍然存在，并且经过 2008 年的全球金融危机之后，“赤字”当中的某些问题，比如，就业质量、贫困、两极分化等，部分地区取得的进展缓慢，甚至表现出“赤字”加重的趋势。2016 年5 月国际劳工组织发布了《2016 年世界就业和社会展望报告》，《报告》指出，全球范围内缺乏高质量的就业机会，且多个区域的经济前景恶化，世界各国数十年来在减贫方面取得的进展受到了威胁。在发达国家，相对贫困现象也在抬头。目前的新兴经济体和发展中国家中，有 36% 的人口生活在贫困中，每天的收入购买力不足 3. 1 美元。要实现到 2030 年消除贫困的可持续发展目标，需要每年投入 6000 亿美元。在就业方面，经济走弱已造成全球失业率进一步上升。2015 年全球失业人数高达 1. 97 亿人，比 2014 年增长了近 100 万人，比 2008 年危机前的水平高出 2700 多万人。

除了贫困和失业之外，全球就业质量也存在问题。《2016 年世界就业和社会展望报告》认为，2016 年脆弱就业人口将高达 15 亿人，在未来数年，全球脆弱就业的比重预计保持在 46% 左右。在南亚和撒哈拉以南非洲地区，70% 以上的工人处于脆弱就业状态，面临尤其严重的挑战。就业质量差仍是一项紧迫的全球性问题。处于脆弱就业状态的工人不仅鲜有机会享受缴费型社会保障计划，还受低生产率、低且高度不稳定收入的困扰。就业质量方面的性别差异也很显著。

为解决实现体面劳动的挑战，该报告呼吁各个经济体重视转变经济和就业政策，特别是要加强劳动力市场制度和社会保障体系的建设，以防止长期失业、不充分就业和工作贫穷进一步增加。技术革新和全球产业链新模式的出现，是直接消解贫困和带来就业机会的动力，但与此同时，技术进步和经济发展并不是一定会解决贫困问题，各个经济体仍然需要警惕其带来的负面效果，尤其是其有可能带来更加严重的贫困和两极分化的社会风险。所以，国际劳工组织呼吁各经济体通过政策的调整来平衡社会改革带来的影响。

国际劳工组织已在报告中明确指出，技术革新与经济发展在未来有可能带来社会风险。但是，技术革新，特别是第四次工业革命的出现，会给未来的工作带来怎样的影响？对实现体面劳动的战略目标会造成多大的压力？国际劳工组织表示这些问题暂时还无法预估。所以，本章将围绕上述这两个问题展开分析，具体探讨在社会大变革的背景下，全球如何才能实现体面劳动的战略目标。

为探讨上述两个问题，本章的内容将分成四节展开阐述。第一节描述第四次工业革命与未来工作，第二节分析未来的工作模式与特征，第三节将阐释工作变化带来的社会影响，第四节具体分析体面劳动与劳工权益保护。

本章将在社会大变革的背景下探讨体面劳动和劳工权益保护的问题，之所以做出如此安排，是因为我们认为未来工作、体面劳动甚至经济发展都离不开整个社会发展的大环境。正如国际劳工组织总干事盖伊·赖德（Guy Ryder）在《2016 年世界就业和社会展望报告》绪言中所说的，消解贫困是实现体面劳动的前提，但是仅凭经济增长并不能消解贫困，也无法实现体面劳动的战略目标。良性的经济增长应该有更加宽泛的社会基础，这样才能支持和促进非正式工作的转型并带来体面劳动。

第一节　第四次工业革命与未来工作

随着信息化和数字技术的发展，正在颠覆我们生活、工作和行为方式的第四次工业革命已渗透进社会的各个领域。正如世界经济论坛创始人克劳斯·施瓦布（Klaus Schwab）所说的，虽然我们尚未完全了解这次新技术革命的速度和广度，但是我们正在经历一次人类社会前所未有的转型。第四次工业革命不仅将在未来引发商业模式的变革，也将导致劳动力市场、雇佣关系和劳工政策产生巨大的变革。面对劳动、就业和雇佣等工作世界的巨大变革，各国政府和国际劳工组织都高度关注。2015 年，国际劳工组织发表了《劳动世界的未来百年举措》报告。面对当前全球劳动世界存在的巨大挑战，报告号召国际社会和各国政府在劳动和社会、体面劳动、劳动组织和生产、劳动治理四大领域开展广泛的、高级别的对话与研究。并且，国际劳工组织把这四大议题定为 2019 年国际劳工组织 100 周年庆祝活动的核心。

一、技术革命和数字化创新

在技术革命和数字化创新的推动下，各行各业都在发生着重大转变，我们关心的工作、就业、雇佣以及劳工政策等也将面临巨大的挑战。以互联网、人工智能、机器学习、机器人制造、物联网、纳米技术、3D 打印、基因和生物科技等为代表的数字技术的高速发展，使得此前看似毫无关联的各个领域，虽然很多创新成果还处于初期阶段，但在发展过程中相互促进并不断融合发展。施瓦布在《第四次工业革命》一书中指出，我们正在经历一场深刻的系统性革命。之所以如此下结论，是因为他认为信息技术和以数字化为特征的第四次工业革命具有与以往历史变革不同的特征。

第一，速度。和前几次工业革命不同，第四次工业革命呈现出指数级而非线性的发展速度，这是因为我们生活在一个高度互联、包罗万象的世界，而且新技术也在不断催生更新、更强的技术。

第二，广度和深度。第四次工业革命建立在数字革命的基础上，结合了各种各样的技术，这些技术正给我们的经济、商业、社会和个人带来前所未有的改变。它不仅改变着我们所做的事情和做事情的方式，甚至在改变着人类自身。

第三，系统性影响。第四次工业革命包含了国家、公司、行业之间以及整个社会所有体系的变革，不同学科发展成果之间的协同与整合变得更为普遍，不同技术相伴相生，催生出许多以前只能在科幻小说中才能看到的有形创新成果。

对于这场指数级的数字技术革命，我们该如何去认识它的本质并把握它的发展？目前各国已有大量文献描述了这场革命，但学术性的分析却不多。埃里克·布莱恩约弗森（Erik Brynjolfsson）和安德鲁·麦卡菲（Andrew McAfee）合著的《第二次机器革命》从学术的角度做了较好的概括，他们认为通过对数字革命进行研究，可以得出三点结论。

第一，在数字革命中，计算机硬件、软件和网络是其核心。因为有了计算机和网络的强力发展，我们正处于一个重大变化的转折点上，即人类历史发展进程的曲线得以发生急剧变化的转折点。尽管计算机技术并不是新生事物，但是今天计算机技术持续提升，很多技术的“奇点”得以爆发，数字技术正在对经济和社会产生重大而深远的影响。

第二，由数字技术引领的变革将给社会带来巨大的收益。数字革命将带来巨大的物质产品，并促进经济发展，使得我们能够消费的物品的种类和体量都大大增加。

第三，数字革命也将给人类社会带来一些棘手的挑战。数字技术发展可能带来经济的大分化，这是因为计算机的性能和数字技术会变得更加强大，公司对各类劳动者的需求将会大幅缩减。技术进步会把一些人抛在身后，而随着技术的不断进步，还会有更多的人将被抛在后面。对于拥有特殊技能的劳动者，或者接受过符合社会发展需求教育的人来说，他们将会迎来一个绝佳的机遇期；而对于那些仅仅掌握了“普通”技能且各种能力平平的劳动者来说，这将是一个非常糟糕的时代，因为计算机、机器人和其他数字技术正在以一种可怕的速度获得这些技能。

当然，关于数字技术的发展和运用，未来的发展方向在哪里，未来又存在着哪些不确定性？我们目前无法做出科学的预估，我们也尚不清楚数字革命将如何推动各行各业的变革。但正如施瓦布所说的，这就要求国际社会所有的利益相关者，包括政界、商界、学术界和公民社会在内，共同努力去加深对新兴趋势的理解和解释。

二、新劳动分工

随着信息技术和数字革命的不断推进，机器人、人工智能甚至是人类智能将参与劳动，在某些岗位上，新的数字技术可能不仅仅是劳动力的补充，而可能是一种替代劳动。2004 年，弗兰克·列维（Frank Levy）和理查德·莫尼恩（Richard Murnane）出版了他们的著作《新劳动分工》（*The New Division of Labor*）。在书中，他们所指的劳动分工存在于人类和数字劳动之间。他们认为，在任何理性的经济体系中，人们都应该专注于从事和计算机相比有相对优势的任务和工作，而让计算机从事更合适的工作。原来假设计算机到底是补充还是替代人类劳动，这是一种错误的想法。所以，他们提出了一对新的概念："有意识规则"（With Conscious Rules）的工作和"无'有意识规则'"（Without Conscious Rules）的工作。他们认为，当需要的信息可以被数字化，并且可以通过一些有意识的规则来描述信息的处理过程时，计算机就可以轻松地代替人力。需要注意的是，这里所说的规则包括了演绎规则和归纳规则。演绎规则来自过程中的逻辑判断；归纳规则实际上是一个基于历史数据来进行评估的统计模型，然后被应用到当前的实际情况中。如果把工作按照不同的规则进行分解，那么计算机就能够替代人类从事这样的工作。相反，有一些十分复杂的工作不能被分解为规则，因而人类无法被计算机所替代，即使是在高度工业化的国家，这类工作仍然需要人类亲自来完成，比如，记者写一篇生动的报道，作家描述一个你从未见过的场景，或者是工程师解决一个新难题，这些都是技术含量很高的工作。"无'有意识规则'"的工作由人类思考和复杂交流两类构成，它们是最宝贵的人类技能，也是计算机无法取代的。

当然，这是 2004 年发表的著作。今天我们再来看这一问题，情况又发生了改变。随着人工智能的不断发展，人类社会将进入一个全新的新劳动分工的时代。这意味着随着数字技术的发展，知识性的工作也能够实现自动化，从而实现机器替代人类的劳动。

美国白宫2016年发布的《为人工智能的未来做好准备》的报告称，人工智能一词最早出现于1956年，但直到20世纪90年代晚期，人工智能的研究才开始进入加速阶段，此时的研究人员更关注如何利用人工智能解决现实世界的问题。1997年，IBM超级计算机“深蓝”战胜世界冠军卡斯帕罗夫，标志着人工智能技术取得了具有里程碑意义的成功。其他重要的突破包括美国国防高级研究计划局的“学习和组织能力的认知助手”计划，它促成了苹果语音助手Siri的问世；IBM的超级计算机“沃森”取得突破性进展；自动驾驶汽车取得了惊人的成功。新一次人工智能发展浪潮始于2010年左右，其主要归功于三个相辅相成的因素：电商、传统企业、社交媒体、科学界和政府提供了可用的大数据；大数据为大幅度改进机器学习方式和算法提供了宝贵素材；大数据依赖的拥有强大运算能力的计算机。在这一时期，人工智能的发展速度令所有人惊讶不已。例如，在一场颇为流行的图像识别挑战赛中，最先进的人工智能技术让识别错误率从2011年的26%降至2015年的3.5%，相比之下，人类的识别错误率在5%左右。

与此同时，产业界也不断为人工智能提供研发投入。谷歌、微软、IBM、Facebook等企业凭借自身优势，积极布局整个人工智能领域。各大企业通过加大研发投入力度、招募高端人才、建设实验室等方式加快关键技术研发，同时通过收购人工智能优秀中小企业等方式来提升整体竞争力。此外，各大企业还积极开放、开源技术平台，构建围绕自有体系的生态环境。其中，2016 年 4 月，谷歌 CEO 桑达尔·皮查伊第一次明确提出将人类智能优先作为公司大战略。谷歌以深度学习技术为依托，涉足人机交互、语言理解、机器人等人工智能核心技术应用领域，全方位布局人工智能产业。技术方面，谷歌通过加强自身技术水平，提升谷歌传统搜索、翻译和社交业务，推动集视、听、说、感知和控制于一体的无人驾驶汽车，并先后开源了第二代机器学习平台 Tensor Flow 以及自然语言理解软件 Syntax Net 的源代码，引领互联网巨头在人工智能领域开源的浪潮。谷歌通过对 Deep Mind 等人工智能行业创业企业的并购以及与强生、福特等传统产业巨头的合作，实现人工智能领域的全面布局及纵深式发展。

有关人工智能的发展前景与风险，目前我们无法进行预估。但是，随着人工智能的发展，劳动分工将进入一个前所未有的时期。我们大量的工作岗位在未来可能不仅仅是被人工智能所补充，而且可能是完全被替代。

三、未来工作的变化

世界经济论坛 2016 年 1 月发布了《未来的工作：第四次工业革命的雇佣、技能与劳动力战略报告》。该报告称，在以美国、欧盟、中国、澳大利亚等 15 个世界主要经济体为样本的调查中发现，未来 5 年总计将净减少 500 万个就业岗位。其中，许多就业岗位是因为裁员、自动化发展和中介环节减少而消失，且多数岗位属于“白领式”工作。报告同时预测，预计 210 万个新增岗位将部分抵消就业机会萎缩带来的影响。除了就业岗位受到巨大冲击之外，雇佣和就业质量也会发生根本性改变，15 个经济体的 44% 的工作岗位都将受到灵活就业的影响，而因性别、职业和技术差异带来的不平等也将进一步加深。对于就业者的技能，报告预测未来 5 年将有 36% 的工作不仅要求就业者具有工作技能，同时需要具备全面综合解决问题的能力；对现有员工进行技能再教育和培养将成为未来人力资源最核心、最重要的工作。

报告预测，在未来 5 年中，可能也会增加一些新的岗位，比如，建筑与工程、计算机管理、高端服务等岗位。问题是，新创造的岗位在一定程度上可以抵消部分岗位损失带来的社会后果，但随着技术的革新，丧失岗位的人有可能就永远丧失了岗位，新创造的岗位跟丧失岗位的人却没有多大关系。消失的岗位可能是一些简单的技术性工作岗位，但创造出来的新岗位是什么呢？主要是一些需要新技术、新知识、新技能的工作岗位。低技能的人丧失了工作岗位，可能就永远丧失了工作，很难再找到与他的工作能力与工作经验相匹配的工作，这是我们最担忧的一个问题。

从目前来看，一些岗位被机器人所替代，这些被替代岗位的劳动者，他们想寻求一个新创造的高技能岗位进行就业，这基本上不太可能。信息和数字技术的发展将对这一代人造成终身的冲击。技术革新对就业和工作带来的冲击，很可能需要一代人来消化，也就是说，需要等这批低技能的劳动者自然消亡后才能消化技术革新带来的工作冲击，在未来，随着技术的革新和互联网的发展，社会会损失一些岗位，同时也会创造一些岗位，但是这里面会存在很多问题，需要我们去认真研究。

第二节　未来的工作模式与特征

在信息和数字技术的推动下，未来的经济将进入全新的模式，即目前很多学者所认为的那样，进入一种共享经济的形态。在共享经济形态下，劳动力市场将会发生怎样的改变，我们未来的工作将会出现怎样的特征？这是本部分要回答的问题。

一、劳动力市场重塑

杰里米·里夫金（Jeremy Rifkin）在《零边际成本社会》一书中描述了未来经济发展的形态，即一种通过物联网合作共享的新经济形态。他认为，物联网将彻底颠覆人类经济社会，物联网将集成世界网络中的所有“人”和“物”连接起来，物联网平台的传感器和软件将人力、设备、自然资源、生产线、物流网络、消费习惯、回收流以及经济社会生活中的各个方面连接起来，不断为各个节点提供实时的大数据。反过来，大数据也将接受先进的分析，并将其转化为预测性算法后编入自动化系统，进而大幅度提高生产率，将整个经济体内生产和分销商品或服务的边际成本降至趋近于零。他认为，物联网将经济形态的三大要素——通信媒介、能源、运输机制整合起来了，在世界各地经济领域中出现了一种全新的经济形态，即协同共享的经济形态。

里夫金认为，协同共享的经济形态正在演变，有可能进一步降低边际成本，使之接近于零。这让许多商品和服务近乎免费，种类也更加多样化，并能够在协同共享中分享。当前，从虚拟空间中的软件和电子商品到现实世界中的实体商品，零边际成本现象随处可见。无处不在的通信网络正在与初期的可再生能源互联网、自动化物流和交通运输网络连接，以此扩大全球影响力，从而建立一种分布式的超级物联网。这种超级物联网平台具有分布式、点对点的性质，这使那些由社会企业产销者组成的数百万小型参与者聚集到一起，形成全球协同共享系统，构建横向规模经济，从而淘汰垂直整合价值链中剩余的中间人，使边际成本实现较大幅度的下降。在未来，每个人都会变成产销者，可以更直接地在物联网上生产并相互分享能源和实物，这种方式的边际成本接近于零，近乎免费。

在这种协同共享的经济形态中，工作将变得更加灵活，传统的以雇佣为基础的就业模式将发生巨大的改变，而灵活就业或按需工作在整个劳动力市场中比重将越来越大。原来的生产，大多是以商品市场作为向导来指导我们的生产，但是现在不一样了，现在大多是订单式的生产，所有工作的开端都直接来源于需求端。以移动出行为例，用户发起一个需求，然后才去寻找司机，司机根据平台的指定再去工作。这是所谓的在线经济（online）或按需工作模式的实质，优步或滴滴出行实际上都是这样一种工作模式。没有工作的时候，司机可以在家里待着，有了工作需求马上去工作。这种工作模式最大的优势或好处是什么？我们传统的生产销售，是先进行生产，通过经销商，再到产品市场，中间有很多的环节。但按需工作模式不需要其中的多个环节，它极大地缩减了中间的流程，使中间的交易成本基本趋于零。这种工作模式可以提升社会效益，降低社会成本，提升劳动生产效率。

国际劳工组织发布的《2015 年世界就业与社会展望：日

益变化的工作性质》认为，人们日渐放弃传统的就业模式，即那种被雇佣者依赖与雇主的雇佣关系赚取稳定的工资和薪金的全职工作模式。如今，在发达经济体中，传统的就业模式越来越不占主导地位。在新兴市场和发展中经济体中，虽然已对雇佣合同进行了某些强化，但非正规就业在许多国家却司空见惯，而且在全球供应链的底层，越来越普遍实行的是极短期合同和不规范工时。如今赚取周薪和月薪的就业大约只占全球就业的一半，而在诸如撒哈拉以南非洲和南亚等地区则只涵盖了20%的工人。在一些发达经济体中，赚取周薪和月薪的就业发生率一直呈下降趋势，日益远离历史模式。相反，在传统雇佣范畴之外的自营工作和其他形式的就业却不断上升。在大多数发展中国家，在非正规经济中工作的发生率依然居高不下。此外，在赚取周薪和月薪的人员中，虽然新的机会正在涌现，但其中只有不足45%的人得到全职长期雇佣，甚至这一比例也似乎呈下降趋势，传统就业模式越来越不能反映当今的劳动世界。

二、未来的工作模式

根据摩根大通研究院（JPMorgan Chase Institute）2016年2月发布的报告《薪水、发薪日和在线平台经济》（Paychecks, Paydays, and the Online Platform Economy），他们把共享经济下的在线平台分成两类，一类是以优步、滴滴出行等网约车平台为代表的劳动型平台（labor platforms），而另一类是以Airbnb为代表的资本型平台（capital platforms）。在劳动型平台上，劳动者通过提供劳务而获得报酬和收入；而在资本型平台上，人们通过出租现有资产而获得收益。为了有针对性地分析未来工作的模式，本部分将以网约车平台为例进行分析。

借鉴摩根大通研究院的这一提法，本书认为网约车平台为司机提供的是一种共享经济下的劳动型平台，司机为乘客提供劳动服务而获得劳动报酬，而所谓“共享”的车辆则是为完成劳动过程的必要劳动工具和生产资料，这与资本型平台上出租或共享的资产存在着根本性差异。那么，在劳动型平台上，司机与平台公司之间的关系到底如何界定？司机是雇佣关系中的雇员，还是承揽关系中的独立承揽人（independent contractor）？对此问题，目前已有大量的文献在讨论，但都没有较好地对概念做出概括和回答。我们借鉴了美国康奈尔大学 Seth D. Harris 和普林斯顿大学 Alan B. Krueger 在 2015 年 12 月发表的一篇文章“A Proposal for Modernizing Labor Laws for Twenty－First－Century Work：The‘Independent Worker’”。在文章中，他们认为独立承揽人和雇员都无法界定网约车平台上司机的法律身份，美国的劳动法也无法对平台公司与司机之间的法律关系进行清晰的界定，所以他们提出了一个新的概念——独立工人（independent workers）来界定司机的法律身份。他们认为优步平台上工作的司机，既不是雇佣组织的雇员，也不是自雇者，而是拥有一定工作自主权的独立劳动者。结合摩根大通研究院提出的劳动型平台概念和 Harris 与 Krueger 提出的独立工人概念，我们把目前的新就业模式界定为自主性劳动平台的模式。

我们以移动出行行业为例，对未来自主性平台的工作模式进行了总结。通过分析移动出行的特点，我们认为目前在线自主性劳动平台就业模式呈现以下四大特征：

第一，工作与职业的边界模糊。

在传统的就业模式中，职业和工作是不可分割的，在正规部门就业，工作需要获得职业资格准入与职业身份。传统出租车行业，司机开出租车的工作与他的职业身份是分不开的。但是在移动平台上，只要拥有相应的驾驶技术和车辆就可以注册成为网约车司机，并且可以自主选择工作的时间。由此我们可以看到，互联网技术打破了职业和工作之间的界限，从事某些工作与他是否从事这份职业是可以分离的。

第二，工作与雇佣的分离。

在传统的就业模式中，大部分雇员通过加入雇佣组织而实现就业，大量非雇佣的工作被看成非正规就业或自我雇佣。但在共享经济下，通过互联网平台，工作和雇佣并不是必然的关系，非雇佣工作成为共享经济的主要就业形式。网约车司机可以不依赖组织资源和部门协作而完成工作任务，并履行工作职责，工作实现了去组织化和去雇佣化。网约车司机可以不像雇员那样在工作中接受雇主的任务指派和遵守雇佣组织的规章制度，他们可以自主决定是否上线运营，并决定自己的工作时间、工作强度和工作收入等。在工作中，他们拥有较高的工作自主度。

第三，劳动力供给与需求的即时对接。

移动出行平台的运营模式是从需求端开始，通过平台技术运算，然后将订单派送到离需求端位置最近的司机。这种按需（on - demand）运营模式，如果从司机就业的角度来分析，它实现了劳动力市场中劳动力供给与需求的即时对接。在这种模式下，劳动力不需要在劳动力市场中搜寻工作，强大的平台技术运算能够使需求和供给实现即时的点对点对接，从而使司机找工作的成本大大降低，大幅降低了整个劳动力市场上工作搜寻与工作匹配的交易成本。

第四，无差别的就业机会。

在移动出行平台上，高学历与低学历、年龄大的与年轻的、男性与女性、专职和兼职等各种不同社会阶层、不同教育水平和不同工作经历的劳动者在从事同样的工作。由此我们可以看出，移动出行平台为劳动者提供了无差别的就业机会，获得工作机会不受学历、工作经验以及年龄等因素的影响，并且，平台还为一些就业困难群体提供了工作机会。从就业的角度看，平台的开放性和包容性为就业者提供了公平的、无差别的就业机会。

通过以上四点分析可以看出，自主性劳动平台的就业模式是一种全新的就业模式。平台上的就业者既不同于雇佣组织中的雇员，也不同于完全拥有自主权的自雇者，他们以平台上指派的需求而自主选择工作，而在工作过程中又接受平台的监管规则。可以预见，这种新的就业模式将会在许多行业中进行扩散并深入发展。未来，这种高科技互联网公司＋海量自主性劳动的就业方式将成为我国劳动力就业的一种重要形式。

第三节　工作变化带来的社会影响

数字技术和共享经济的发展带来了生产率的提高、GDP的增长，促进了经济的增长，但同时也带来了巨大的挑战。布莱恩约弗森和麦卡菲在《第二次机器革命》一书中认为，数字技术将催生社会财富的重新分配，社会不平等将急剧扩大。他们的一项研究发现，近几年欧美国家加剧社会不平等的最核心的动力要素是技术领域的指数级增长、数字化进步、组合式创新。在这种因素的作用下，一方面，技术变革使工作对受高等教育劳动者的需求相对增加，而对受教育程度较低劳动者的需求相对减少了；另一方面，鼓励以实体资本代替劳动力的资本型技术变革增加了资本所有者的盈利水平，同时减少了劳动力在收入中所占的份额。所以他们认为，未来我们将进入一个“赢者通吃”的时代。

一、社会不平等的挑战

数字技术发展在带来巨大好处的同时，也会带来巨大的挑战，其中结构性不平等加剧是主要的挑战。不平等加剧所带来的挑战很难量化，因为我们绝大多数人既是消费者又是生产者，所以创新与颠覆对我们生活水平和福祉带来的影响既有正面的，也有负面的。在就业领域中，创新带来的是红利还是收入分化，这也是一种难以量化的比较。正如布莱恩约弗森和麦卡菲所举的案例，在一个像硅谷这样的地方或者一所像麻省理工学院这样的研究大学，日新月异的创新速度很容易被看到。初创公司遍地开花，新的百万富翁和亿万富翁层出不穷。然而与此同时，也有越来越多的人正面临着生存困境：学生们挣扎在高额债务的边缘，毕业生寻找工作困难重重，而且还有数百万人为了维持临时的生活标准而不得不依靠借贷生活。所以，在不平等加剧的现象下，我们需要搞清楚技术创新中哪些人受益，而哪些人又遭受了损失？

根据施瓦布的观点，技术进步最大的受益者是消费者。技术创新产生了一批新产品、新服务，这些产品和服务可以在不产生任何额外成本的情况下，提高消费者的个人生活水平。互联网、智能手机和成千上万的应用软件让我们生活得更为轻松，也提高了我们的总体工作效率。

技术创新带来的挑战主要落在了供应方身上，即劳动和生产领域。过去几年时间里，在绝大部分发达国家以及中国等快速发展经济体中，劳动力对 GDP 贡献的比重均大幅下滑，这其中一部分原因便是创新驱使企业用资本取代了劳动力，导致生产设备的相对价格出现下滑。如此看来，智力和实物资本的提供者也是创新的受益者，这也正是工薪阶层与资本拥有者贫富差距日益扩大的原因。这一现象也导致很多工人对未来失去了希望，认为其实际收入在未来很难有所改变。

在数字技术创新的新经济中，不仅人工智能逐渐取代劳动，整个劳动力市场也向有限的技术领域倾斜。全球互联的数字平台与市场正在给为数不多的明星企业和个人提供巨额的受益。在这样的趋势下，只有提出新想法、创建新商业模式、推出新产品和新服务的人与企业才能在创新驱动的生态系统中获胜，而从事低技术含量工作的劳动力和普通资本将被淘汰。

这些动态因素的出现，是很多发达国家的劳动者收入停滞甚至减少的重要原因之一，社会不平等和社会分化的现象急剧严重。根据瑞士信贷银行发布的全球财富报告，世界上有一半财富掌握在最富有的 1% 的人手中，而全球较贫困的 50% 的人口总共才拥有不到 1% 的全球财富。经济合作与发展组织的有关报告同样指出，该组织成员国中最富有的 10% 的人，人均收入大约是最贫困的 10% 的人的收入的 9 倍。此外，大部分国家的不平等状况还在加剧，即便是那些所有收入群体都实现了快速增长，且贫困人口大幅减少的国家也不例外。

二、社会不平等的发展趋势

未来社会不平等的发展趋势如何？这值得我们深入研究。我们判断，未来的劳动力市场和工作将会出现以下六个方面的发展趋势。

第一，工资有可能停滞增长。

马丁·福特（Martin·Ford）在《机器人时代：技术、工作与经济的未来》一书中比较了从1948年至今的劳动生产率与工人薪酬之间的关系。通过比较，他发现1973年是一个分水岭。1948—1973年，生产率的增长与工人报酬的增长近乎完美地一致，这说明经济蒸蒸日上的时候，所有对经济做出贡献的人都在共享着财富。但是20世纪70年代之后，劳动生产率的增长率与工人薪酬的增长率之间的差距越拉越大，这表明在整个经济中，创新成果已经不是由工人享有，而是几乎完全由企业主和投资者受益。特别是自1980年以来的每个10年，生产率增长都要显著超越薪酬增长，2000—2009年间的差距尤为明显。美国近70年的发展历程，是伴随着技术进步而发展的。美国的发展历程也充分说明，未来随着数字技术的发展，这种差距会变得越来越明显，劳动生产率会加剧增长，但是工人薪酬则会停滞增长，甚至很多人的收入将下滑。

第二，劳动收入在国民收入中的比重将逐渐降低。

英国经济学家亚瑟·鲍利（Arthur Bowley）早在20世纪初期就提出了“鲍利定律”，认为从长期来看，国民收入中劳动和资本的比例分别保持着相对稳定，这种表面上固定的关系即成为经济学的“鲍利定律”。在“二战”之后，以美国为例，正如“鲍利定律”所预计的，国民收入中劳动收入的比重波动幅度相当小。但是，从20世纪70年代中期开始，劳动收入所占比重开始逐渐下降，并在21世纪初进入一个自由落体似的下滑阶段。如果我们考虑劳动收入的比重并不包括所有领取薪水的人时，跌幅会更加明显。换句话说，有着巨额薪酬的首席执行官、金融高管、体育巨星和影视明星都被视为劳动力，而他们的收入一直在暴涨。相反，国民收入中普通劳动者收入的比重，即占收入分配底层的99%的工人的收入比重，会表现出更加急剧的下跌。

与此同时，当劳动收入比重直线下降的时候，企业的利润却在一直攀升。芝加哥大学卢卡斯·卡拉巴布尼斯（Loukas Karabarbounis）和布伦特·尼曼（Brent Neiman）对56个国家的数据进行了分析，发现38个国家的劳动收入比重有了显著下降。在过去的10年间，日本、加拿大、法国、意大利、德国和中国的劳动收入占比跌幅要超过美国。

第三，劳动力参与率将下降。

马丁·福特认为，美国经过金融危机之后，失业率下降往往不是因为有了大量新的就业机会，而是因为消极的失业者退出了劳动力市场。美国在1970—1990年间，由于女性劳动者涌入劳动力市场，劳动力参与率大幅上升。这一总体趋势掩盖了一个关键性的事实，即男性劳动者在劳动力中的比例自1950年以来就一直在持续下降，从1950年的大约86%下降到2013年的70%，女性的劳动力参与率在2000年达到峰值的60%，而整体的劳动参与率也在2000年达到最高峰67%。对于美国25—54岁间的成年人（黄金工作年龄成年人），他们处在足以上完大学，甚至读完研究生，但也不至于退休的年龄段，他们的劳动参与率从2000年的84.5%下降到2013年的

81%。自2000年以来，无论是整体劳动人口参与率还是处在黄金工作年龄的成年人，他们的劳动参与率下降了大约3个百分点，其中约一半的跌幅发生在2008年金融危机爆发之前。

中国一直缺乏权威的劳动参与率统计数据，根据一些学者的测算，近年来，中国劳动参与率一直处于下降的趋势中。根据《人力资源蓝皮书：中国人力资源发展报告（2013）》的测算，我国劳动参与率也呈现逐年下降的趋势，由2005年的76.0%降到2011年的70.8%。在过去的20年，我国每年按照0.4%的趋势下降，未来这种下降趋势可能会变得更为严重。

第四，就业机会减少，长期失业将增多。

在过去20年中，全球各国特别是发达国家，在创造新的就业机会方面越来越无力。美国过去的10年，是“二战”之后创造就业机会最差的10年。虽然我国就业数量在逐年上升，但是整体创造的就业岗位，也如美国一样，增长速度明显下降。特别是近几年来，随着实体经济发展速度变缓，制造业处于转型阶段，为普通劳动者创造的就业岗位数量也在逐年减少。

就业机会减少带来的可能是长期失业。职业技能会随着时间的推移而荒疏，劳动者对劳动力市场也逐渐失去信心。这会形成一个恶性循环，失业人员将面临长期失业的风险。目前，我国正处于去产能、调结构的关键时期，那些从国有企业中退出工作岗位的人，再在市场中找到一份与自己技能关联度较大的职业，会变得越来越难。所以，未来随着新增就业机会的减少，结构性失业将长期存在，如果不加以政策扶持的话，失业人数有可能会出现增长的趋势。

第五，贫富差距将急剧扩大。

在欧美国家，自 20 世纪 70 年代起，贫富差距就一直在稳步扩大。1993—2000 年，美国超过一半的国民收入增长额进入了收入前 1% 的家庭的口袋之中。加州大学伯克利分校经济学家发表的文章称，在 2009—2012 年，美国总收入高达 95% 的增长由最富有的 1% 家庭吸收。美国收入分配不仅严重不平等，而且这种不平等还可能与日俱增。

当然，这种不平等现象在几乎所有的工业化国家都有所增加，中国的收入差距和贫富分化也很严重。随着新技术的发展，那些从生产线上淘汰下来的产业工人、去产能中失去工作的国企工人以及其他普通的劳动者，都很难在技术革命中获得一份较为满意的收入。相反，掌握技术、市场和其他重要资源的群体，则能够获得市场和技术所带来的丰厚回报。贫富差距在全球都呈现出扩大的趋势。

第六，两极分化明显且兼职工作将增多。

金融危机之后，美国在经济复苏期间创造的工作机会通常比衰退期间毁掉的工作要差一些。通过数据分析可以发现，目前美国最有可能永久消失的是体面的中产阶级职位，而经济复苏期间创造的就业岗位往往大多集中在零售、酒店和视频制作等低工资行业，还有少部分集中在高技能岗位。并且，最近几年美国创造的低工资工作很多都是兼职性质的。

所以，未来的工作岗位将会出现两极分化的趋势，而中间阶层将会逐渐丧失工作岗位和工作机会，然后就业市场要么用低工资的服务工作，要么用专业的高技能工作取代他们。劳动力市场的求职者，如果不能在顶端找到理想的工作，就只能跌落到底部。而就业市场两极分化背后最主要的驱动因素是常规工作的自动化，资本、技术的替代使中产阶层失去了稳定的工作机会。

通过对上述六个发展趋势的分析可以看出，数字技术的发展将会对工作和就业带来巨大的影响。通过近 10 年的发展，数字技术和共享经济的发展已然产生了巨大的负面作用，带来了结构性的两极分化。这就要求政府在积极拥抱变革的同时，还要协同技术发展、劳动治理以及整个社会的治理，否则，两极分化的现象将会变得越来越严重。

第四节　体面劳动与劳工权益保护

在新经济、新技术以及互联网大力发展的背景下，我们该如何保护劳动者的权益，从而实现体面劳动？今天当我们谈论这个问题的时候，这不仅仅涉及普通的劳动者，很可能涉及处在这场巨大社会变革中的每一个人，因为不管你是 CEO，还是做其他的管理工作，在未来某一天都有可能面临与大家同样的境地，那就是都有可能会丧失岗位。也许你的工作技能被替代了，也许你的能力跟不上业务的发展，甚至你所在的企业在资本市场中倒闭了。所以说，政府和学界、社会都需要去思考这个问题：未来我们的劳动权益该如何保护？

一、灵活就业与“不稳定的无产者”

美国社会学者斯坦丁·盖伊（Guy Standing）出版了一本书《不稳定的无产者：一个危险的阶级》（*The Precariat*: *The New Dangerous Class*）。在这本书中，他把目前这种缺乏稳定工作又缺乏稳定权利的劳动者阶层称为不稳定的无产者。当然，对于不稳定的工作（precarious work），早在 20 世纪 90 年代中期，国际劳工组织就开始着手进行研究，并且在 2011 年公布了题为《防治不稳定工作的政策与规范》的年度报告。国际劳工组织主要是针对合同工而使用不稳定工作这个概念的，不稳定工作人员主要指那些从事低工资、缺乏劳动保护、缺乏社会保护、非标准用工、缺乏实现自身权益手段的灵活就业和自我雇佣的人员。国际劳工组织界定的不稳定工作的对象是那些处于劳动力市场的边缘群体，包括女性、缺乏技能群体、有色人种等弱势群体。但是，随着技术、知识、互联网的发展，可能在两极分化的背景下会出现一个新的不稳定的无产者阶层，在技术革新和互联网经济迅速发展的未来世界中，可能会出现越来越多的因为灵活就业和自由职业所形成的不稳定的无产者。这些不稳定的无产者工作不稳定，收入得不到保障，基本的劳动者权益也得不到保障。

不稳定的无产者，第一是指工作的不稳定。比如说，按需工作模式，在移动出行平台上工作的网约车司机，今天有单，明天可能就没有单，谁说了算？平台说了算。他们没有能力自己单独去接单，甚至没有能力去接触市场的需求。第二是指权利的不稳定。在目前的经济和社会发展中，国家和社会把这些自由职业者当成一个普通的居民，而不是把他们当成劳动者去看待和保护。普通的居民和劳动者，二者在权利享有方面是不一样的。普通的居民可以享有社会的救助，而劳动者应该享有工作的权利、享有社会保障和福利的权利。如果把二者混淆，这些自由职业者作为劳动者的权益就很难得到保障。

所以，随着数字技术和共享经济的发展，一方面，国家的经济呈现增长的趋势，生产率大幅提升；另一方面，一个占比偏大的不稳定工作的社会阶层将会逐步形成。

二、劳动法律与体面劳动

在新经济和新商业模式下，我们应该保障劳动者的权益，但是现有劳动法律体系很难保护到自由职业和灵活就业的劳动者的权益。原因很简单，我们的劳动法律跟不上实践的发展。我们所有的劳动法律都建立在雇佣的基础上。劳动法强调的是什么？强调的是用人单位跟劳动者的权利义务关系。具体来说，第一，法律规制的主体是单一的雇佣组织和劳动者，《劳动合同法》第二条规定：中华人民共和国境内的企业、个体经济组织、民办非企业单位等组织（以下称用人单位）与劳动者建立劳动关系，订立、履行、变更、解除或者终止劳动合同，适用本法。第二，法律内容是规范雇佣组织和劳动者权利义务关系，《劳动合同法》第一条规定：为了完善劳动合同制度，明确劳动合同双方当事人的权利和义务，保护劳动者的合法权益，构建和发展和谐稳定的劳动关系，制定本法。第三，雇佣组织以规模化企业为基础，《劳动法》《劳动合同法》及《社会保险法》等规定的雇佣组织都是具有一定规模的、规范化管理的用人单位，所以有关合同关系、劳动保护、职业病防范以及社会保险的缴纳等内容，都是以规模化企业为立法基础，而没有考虑自由职业和小微企业的现状。从以上三点来判断，现有的劳动法律法规无法涵盖新经济下的雇佣和就业的多元化形态，导致大量的劳动力市场从业者无法进入国家的劳动法律保护体系当中。

现在，这些自由职业者，他们没有了用人单位，也就是说，整个劳动法的法律基础都没有了。这种情况下，我们该怎么去保护他们作为劳动者的权益？我们认为，在互联网经济中，随着自由职业、多重雇佣的就业形式越来越多，修改劳动法律法规是第一位的，不然，这些在雇佣之外或者公司组织之外就业的人，他们的权益是没办法保障的。到底保障什么权益？有学者认为，现在最重要的是保障他们能进入社会保障体系。但是我们认为，保障他们的权益，不仅仅是简单的社会保障，更为重要的是对他们的劳动与工作权利的保障，特别是对他们的工作安全和稳定的保障。另外，我们认为，要实现体面劳动，保护劳动者的权益，不仅要保障劳动者的个体权益，更需要去保障劳动者的集体权利。

参考文献

1. Budd, John W. 2004, *Employment with a Human Face Balancing Efficiency, Equity, and Voice*, Cornell University Press.

2. Brown, R. C. 2006, "China's Collective Contract Provisions: Can Collective Negotiations Embody Collective Bargaining?" *Duke Journal of Comparative and International Law* (16).

3. Chan, A. 1998, "Labour Relations in Foreign – Funded Ventures, Chinese Trade Unions, and the Prospects for Collective Bargaining." In G. O'Leary (eds.), *Adjusting to Capitalism: Chinese Workers and the State.* Armonk, N. Y.: M. E. Sharpe.

4. Chen F. 2009, Union Power in China: Source, Operation, and Constraints. *Modern China.* 35 (6).

5. Clarke, S., Lee, Chang – Hee 2002, "The Significance of Tripartite Consultation in China." *Asia Pacific Business Review* 9 (2).

6. Clarke, S., Lee, Chang – Hee & Li, Qi 2004, "Collective Consultation and Industrial Relations in China." *British Journal of Industrial Relations* 42 (2).

7. Clegg, H. A. 1960, *A New Approach to Industrial Democracy.* Oxford: Blackwell.

8. Clegg, H. A. 1976, *Trade Unionism under Collective Bargaining.* Oxford: Blackwell.

9. Cooke, F. L. 2002, "Ownership Change and Reshaping of Employment Relations in China: a Study of Two Manufacturing Companies." *Journal of Industrial Relations* 44 (1).

10. Daniel Z. Ding, Keith Goodall and Malcolm Warner, 2002, "The impact of economic reform on the role of trade unions in Chinese enterprises." *The International Journal of Human Resource Management.* 13 (3).

11. David F. 2008, "Beatrice and Sidney Webb and the Intellectual Origins of British industrial relations," *Employee Relations* 30 (5).

12. Dempster R J, Hart S D. "The Relative Utility of Fixed and Variable Risk Factors in Discriminating Sexual Recidivists and Non – Recidivists". *Behavioral Science*, 2002, 14 (2): 121—138.

13. Diener, E., Sandvik, E., Seidlitz, L., & Diener, M. "The relationship between income and subjective well – being: Relative or absolute?" *Social Indicators Research*, 1993, 28: 195—223.

14. Dunlop, J. T. 1993/1958, *Industrial relations systems* (2nd.). Boston: Harvard Business School Press.

15. Eli Friedman and Ching Kwan Lee. 2010, Remaking the World of Chinese Labour: A 30 – Year Retrospective. *British Journal of Industrial Relations.* 48 (3).

16. Finkelstein, Hambrick D C. *Strategic Leadership: Top Executives and Their Effects on Organizations.* Minneapolis: West Publishing, 1996.

17. Flanders, A. 1968, "Collective Bargaining: A Theoretical Analysis." *British Journal of Industrial Relations* 6 (1).

18. Flanders, A. 1969, " The Nature of Collective Bargaining." In A. Flanders (eds.), *Collective Bargaining.* Harmondsworth: Penguin.

19. Fox, A. 1973, "Industrial Relations: a Social Critique of Pluralist Ideology." In Child J. (eds.), *Man and Organization.* London: Allen and Unwin.

20. Fox, A. 1975, "Collective Bargaining, Flanders, and the Webbs." *British Journal of Industrial Relations* 13 (2).

21. Frank Levy, Richard J. Murnane, 2004, T*he New Division of Labor*: *How Computers Are Creating the Next Job Market*, Princeton University Press.

22. Guy Standing, 2011, *The Precariat* - *The new dangerous class*, Bloomsbury.

23. Gordon W., 1996, "Chinese Trade Unions in the Transition from Socialism: Towards Corporatism or Civil Society?" *British Journal of Industrial Relations* 34 (3) .

24. Hambrick, D. C. and P. A. Mason 1984, "Upper Echelons: The Organization as A Reflection of Its Top Managers" . *Academy of Management Review* (9): 193—207.

25. Howell, J. 1998, "Trade Unions in China: the Challenge of Foreign Capital." In G. O'Leary, *Adjusting to Capitalism.* Armonk, N. Y.: M. E. Sharpe.

26. Hyman R. 2001, *Understanding European Trade Unionism.* London: Sage Publications Ltd.

27. ILO, 2015, World Employment Social Outlook 2015: The changing nature of jobs, 来源于国际劳工组织网站。

28. ILO, 2016, World Employment Social Outlook 2016: Transforming jobs to end poverty, 来源于国际劳工组织网站。

29. Jensen V. H. 1956, "Notes on the Beginnings of Collective Bargaining." *Industrial and Labor Relations Review* 9 (2).

30. Jonathan, H. A. Krueger, "An Analysis of the Labor Market for Uber's Driver – Partners in the United States", working paper.

31. JPMorgan Chase Institute, 2016, "Paychecks, Paydays, and the Online Platform Economy", 来源于摩根大通集团网站: https://www.jpmorganchase.com/corporate/institute/report – paychecks – paydays – and – the – online – platform – economy.htm.

32. Jude A. Howell, 2008, "All – China Federation of Trades Unions beyond Reform? The Slow March of Direct Elections." *The China Quarterly* 196 (December).

33. Katz, H. C. and Owen Darbishire, 2000, *Converging Divergences: Worldwide Changes in Employment Systems*, Ithaca: ILR Press.

34. Katz, H. C., W, Lee & J, Lee 2004, *The New Structure of Labor Relations: Tripartism and Decentralization.* New York: Cornell University Press.

35. Kaufman, Bruce E. 2001, "Human Resources and Industrial Relations: Commonalities and Difference", *Human Resource Management Review*, II (Winter).

36. Kochan, T. A. 1980, *Collective Bargaining and Industrial Relations: from Theory to Policy and Practice*, INC: R. D. Irwin.

37. Kochan, T. A. , Katz, H. C. & McKersie, R. B. 1986, *The Transformation of American Industrial Relations.* New York: Basic Books.

38. Kochan, Thomas A. , Harry C. Katz, 1988, *Collective Bargaining and Industrial Relations: From Theory to Policy and Practice*, ILL. : Irwin.

39. Lee C. K. 1999, "From organized dependence to disorganized despotism: changing labor regimes in Chinese factories" . *The China Quarterly* 157 (Mar.): 44—71.

40. Lee C. K. 2000, "The revenge of history: collective memories and labor protests in Northeastern China. " *Ethnography* 1 (2): 217—237.

41. Mabry, B. D. 1965, "The Pure Theory of Bargaining. " *Industrial and Labor Relations Review* 18 (4).

42. McKersie, R. B. and Richard E. 1966, "The Theory of Bargaining. " *Industrial and Labor Relations Review* 19 (3).

43. Ng, S. H. and Warner, M. 1998, *China's Trade Unions and Management* . London/New York: Macmillan/St Martin's Press.

44. Ngok Kinglun, 2008, "The Changes of Chinese Labor Policy and Labor Legislation in the Context of Market Transition. " *International Labor and Working – Class History* 73 (Spring).

45. Pravda A. and Blair Ruble, 1986, " Communist Trade Unions: Varieties of Dualism", In Alex and Blair Ruble, (eds.), *Trade Unions in Communist States*, Boston: Allen & Unwin.

46. Pun Ngai and Lu Huilin, 2010, "Unfinished Proletarianiza-

tion: Self, Anger, and Class Action among the Second Generation of Peasant – Workers in Present – Day China." *Modern China* 36 (5).

47. Ron Bean, 1985, *Comparative Industrial Relations: An Introduction to Cross – national Perspectives*, London: Croom Helm, 119—125.

48. Seth D. Harris, Alan B. Krueger, 2015, "A Proposal for Modernizing Labor Laws for Twenty – First – Century Work: The 'Independent Worker'", working paper, 来源于网站: http://www.hamiltonproject.org/papers/modernizing_labor_laws_for_twenty_first_century_work_independent_worker/.

49. Taylor B. and Li Qi. 2007, Is the ACFTU a Union and Does it Matter? *Journal of Industrial Relations* 49 (5).

50. Veenhoven, R. 1991, "Is happiness relative?" *Social Indicators Research* (24): 1—34.

51. Walton R. E. and McKersie R. B. 1965, *A Behavioral Theory of Labor Relations*. New York: McGraw – Hill Book Company.

52. Warner, M. 1995, *The Management of Human Resources in Chinese Industry*. Basingstoke: Macmillan.

53. Warner, M. and Ng Sek – Hong 1999, "Collective Contracts in Chinese Enterprises: A New Brand of Collective Bargaining under 'Market Socialism?" *British Journal of Industrial Relations* 37 (2).

54. Webb, S. & Webb, B. 1914, *Industrial Democracy*. New York: Longmans, Green.

55. Wiersema M F, Bantel K A. "Top Management Team Demography and Corporate Strategic Change". *Academy of Management Journal*, 1992, 35 (1): 95—121.

56. World Economic Forum, 2016, "The Future of Jobs, Employment, Skills and Workforce Strategy for the Fourth Industrial Revolution", 来源于 https://cn.weforum.org/.

57. Yongshun Cai. 2008, "Local Governments and the Suppression of Popular Resistance in China". *The China Quarterly* 193 (2): 24—42.

58. 埃尔文·罗斯．共享经济：市场设计及其应用．机械工业出版社，2016.

59. 埃里克·布莱恩约弗森，安德鲁·麦卡菲．第二次机器革命．中信出版社，2014.

60. 常凯．劳动关系·劳动者·劳权——当代中国的劳动问题．中国劳动出版社，1995.

61. 常凯．中国劳动关系报告：当代中国劳动关系的特点和趋向．中国劳动社会保障出版社，2009.

62. 国际劳工组织．2013 年世界劳工报告：重塑经济和社会结构．中国财政经济出版社，2013.

63. 克劳斯·施瓦布．第四次工业革命．中信出版社，2016.

64. 克雷格·兰伯特．无偿：共享经济时代如何重新定义工作？．广东人民出版社，2016.

65. 桉苗．当前工会理论研究和教学的几个问题．工会理论与实践（中国工运学院学报），1993（6）.

66. 安增科，内曼贾·柏柏尔．劳动关系的未来：学科的终结．贵州社会科学，2015（10）.

67. 班小辉．论"分享经济"下我国劳动法保护对象的扩张——以互联网专车为视角．四川大学学报，2017（2）.

68. 常凯．试析社会主义市场经济下的劳动关系与工会．工会理论与实践（中国工运学院学报），1993（1）.

69. 常凯．劳动关系与工会论纲．工会理论与实践（中国工运学院学报），1993（3）.

70. 常凯．现代企业制度与集体谈判和集体合同．改革，1994（4）.

71. 常凯．外资企业中集体谈判和集体合同制度的法律问题．中国法学，1995（1）.

72. 常凯．论社会主义市场经济条件下工会的地位．工会理论与实践（中国工运学院学报），1995（4）.

73. 常凯．劳权本位：劳动法律体系构建的基点和核心．工会理论与实践（中国工运学院学报），2001（6）.

74. 常凯．WTO、劳工标准与劳工权益保障．中国社会科学，2002（1）.

75. 常凯．经济全球化与劳动者权益保护．人民论坛，2003（5）.

76. 常凯．中国入世与劳权保障．中国党政干部论坛，2003（6）.

77. 常凯．工会何为？．南风窗，2005（23）.

78. 常凯．罢工权立法问题的若干思考．学海，2005（5）.

79. 常凯．关于罢工合法性的法律分析．战略与管理，2010（4）.

80. 常凯．劳动关系的集体化转型与政府劳工政策的完善．中国社会科学，2013（6）.

81. 常凯．中国特色劳动关系的阶段特点和趋势．武汉大学学报（哲学社会科学版），2017（5）.

82. 常凯，吴亚平．工会：集体劳权的代表——向市场经济过渡中工会的社会定位问题初探．当代工会，1996（6）．

83. 陈佩华．中国、组合主义及东亚模式．战略与管理，2001（1）．

84. 陈微波．共享经济背景下劳动关系模式的发展演变——基于人力资本特征变化的视角．现代经济探讨，2016（9）．

85. 陈永志．私营经济雇佣劳动关系剖析．厦门大学学报（哲学社会科学版），1995（1）．

86. 程延园．积极推行集体合同制度．工会理论与实践（中国工运学院学报），1995（1）．

87. 程延园．外资企业劳动关系存在的问题及对策．中国人力资源开发，2002（1）．

88. 程延园．集体谈判制度研究．中国人民大学出版社，2004．

89. 程延园．集体谈判制度在我国面临的问题及其解决．中国人民大学学报，2004（2）．

90. 程延园．世界视阈下的和谐劳动关系调整机制．中国人民大学学报，2011（5）．

91. 崔生祥．社会主义市场经济条件下劳动关系的共性与个性——兼论工会在协调劳动关系中的作用．工会理论与实践（中国工运学院学报），1993（3）．

92. 邓伟，刘健．国有企业的行政级别、政治关联与经营业绩．经济经纬，2014（1）．

93. 董保华．试论我国劳动立法思路的转变．中国劳动科学，1990（9）．

94. 董保华．劳动制度改革的法学探索．中国法学，1992（5）．

95. 董保华．劳动制度改革与政府职能的转变．法学，1992（9）.

96. 董保华．推行全员劳动合同制的若干思考．中国劳动科学，1992（11）.

97. 董保华．试析集体合同的主体与法律责任．工会理论研究（上海工会管理职业学院学报），2000（4）.

98. 董保华．论我国工会的职业化、社会化和行业化．工会理论研究（上海工会管理职业学院学报），2002（1）.

99. 董保华．论工会职能的新定位．工会理论研究（上海工会管理职业学院学报），2003（6）.

100. 董保华．劳动合同法的十大失衡问题．探索与争鸣，2016（1）.

101. 冯丛林．对劳动力商品论若干论点的质疑．中国社会科学，1987（1）.

102. 冯钢．企业工会的“制度性弱势”及其形成背景．社会，2006（3）.

103. 冯同庆．向市场经济过渡条件下工会理论研究的若干问题．工会理论与实践（中国工运学院学报），1996（5）.

104. 冯同庆．加入 WTO 对我国劳动关系的影响．工会理论与实践（中国工运学院学报），2002（4）.

105. 冯彦君．劳动权论略．社会科学战线，2003（1）.

106. 郭飞．社会主义公有制经济中劳动力性质讨论综述．中国工业经济研究，1994（8）.

107. 葛少英．我国罢工立法问题初探．法商研究（中南政法学院学报），1996（3）.

108. 龚建礼．试论劳动合同的性质及其主体的法律地位．

中国劳动科学，1986（6）.

109. 关怀．积极推行集体合同制度．工会理论与实践（中国工运学院学报），1995（1）.

110. 关怀．略论集体合同制度．法制与社会发展，1996（1）.

111. 国务院发展研究中心社会保障制度改革研究课题组．中国城镇失业保障制度改革的回顾与前瞻．管理世界，2001（1）.

112. 韩俊，李静．“民工潮”：中国跨世纪的课题．中国农村经济，1994（5）.

113. 何勤，孟泉，李倩．经济新常态下企业劳动关系风险预测研究——基于 245 家企业调查数据．中国人力资源开发，2015（11）.

114. 何伟，韩志国．试论我国社会主义市场的全方位开放．中国社会科学，1986（2）.

115. 黄士林．中国第一次劳动法学术研讨会在皖召开．中国劳动，1983（11）.

116. 贾履让，房汉廷．承认劳动力的商品属性是开放劳动力市场的理论前提．中国社会科学，1987（1）.

117. 贾俊玲．当代劳动关系基础理论的新发展——祝《劳动关系·劳动者·劳权——当代中国的劳动问题》一书的出版．工会理论与实践（中国工运学院学报），1996（5）.

118. 杰里米·里夫金．零边际成本社会：一个物联网、合作共赢的新经济时代．中信出版社，2014.

119. 蒋大兴，王首杰．共享经济的法律规制．中国社会科学，2017（9）.

120. 江成龙. 社会主义经济中存在劳动力成为商品的条件. 中国社会科学，1987（1）.

121. 姜颖. 我国劳动立法与劳动者权益保障. 工会理论与实践（中国工运学院学报），2003（3）.

122. 劳动和社会保障部劳动科学研究所课题组. 国有企业下岗职工劳动关系处理问题研究报告. 经济研究参考，1999（6）.

123. 李景森，王乃荣. 劳动法学争论问题综述. 法律学习与研究，1987（5）.

124. 李景森，王乃荣. 劳动法学争论问题综述（续）. 法律学习与研究，1988（1）.

125. 李珂，许晓军. 论我国工会新型维权机制的建构. 工会理论研究（上海工会管理职业学院学报），2006（6）.

126. 李培林，张翼. 走出生活逆境的阴影：失业下岗职工再就业中的“人力资本失灵”研究. 中国社会科学，2003（5）.

127. 李强. 中国城市农民工劳动力市场研究. 学海，2001（1）.

128. 李强，唐壮. 城市农民工与城市中的非正规就业. 社会学研究，2002（6）.

129. 李实. 中国城市中的三种贫困类型. 经济研究，2002（10）.

130. 李永海. 论劳动关系与工会作用. 工会理论与实践（中国工运学院学报），1993（1）.

131. 粟瑜，王全兴. 我国灵活就业中自治性劳动的法律保护. 东南学术，2016（3）.

132. 林春森. 试析社会主义市场经济的劳动关系——兼谈工会协调劳动关系的思路. 工会理论与实践（中国工运学院

学报)，1993（12）.

133. 林嘉．劳动法与现代人权观念．法学家，1999（6）.

134. 林燕玲．加入 WTO 背景下的中国职工状况．中国党政干部论坛，2006（6）.

135. 刘诚．全球经济下行背景下劳动法之选择——兼评《劳动合同法》的相关质疑．探索与争鸣，2016（8）.

136. 刘世定等．政府对外来农民工的管理．管理世界，1995（6）.

137. 刘易斯·科塞．社会冲突的功能，孙立平等译．华夏出版社，1989.

138. 刘元文，高红霞．产权改革后国有企业劳动关系基本状况．工会理论与实践（中国工运学院学报)，2002（6）.

139. 卢现祥．转轨时期我国非公有制企业劳资关系形成的特征．经济问题，1999（11）.

140. 罗兴，江刘伍．关于劳动力性质问题讨论观点综述．学术界，1987（1）.

141. 马丁·福特．机器人时代．中信出版社，2015.

142. 钱叶芳．《劳动合同法》修改之争及修法建议．法学，2016（5）.

143. 乔健．加强对转型时期劳工政策的研究．中国劳动关系学院学报，2005（3）.

144. 乔健．略论中国劳动关系的转型及当前特征．中国劳动关系学院学报，2007（2）.

145. 仇京荣．论我国现阶段劳动关系法律调整的特点．法学，1993（1）.

146. 渠敬东，周飞舟，应星．从总体支配到技术治理．

中国社会科学，2009（6）.

147. 全总法律部“工会法制化建设”课题组．坚持依法维权，建立协调有效的工作机制．工会理论与实践（中国工运学院学报），1999（1）.

148. 商俊峰．加强流动人口的宏观调控 充分发挥流动人口在城市化中的作用．中国人口科学，1996（4）.

149. 沈同仙．劳动权探析．法学，1997（8）.

150. 佘云霞．对集体谈判的理论分析．工会理论与实践（中国工运学院学报），2004（1）.

151. 石美遐．必要与实施：关于集体合同．中国劳动科学，1994（4）.

152. 史探径．论劳动合同和劳动合同制．法学研究，1987（4）.

153. 史探径．劳动法与经济体制改革．法学研究，1988（5）.

154. 史探径．中国劳动争议情况分析和罢工立法问题探讨．法学研究，1999（6）.

155. 宋林飞．“民工潮”的形成、趋势与对策．中国社会科学，1995（4）.

156. 孙中范．关于建构有中国特色社会主义工会理论体系的几点思考．工会理论与实践（中国工运学院学报），1994（6）.

157. 孙中范，桉苗．有中国特色社会主义工会理论框架研究论纲．工会理论与实践（中国工运学院学报），1996（5）.

158. 苏苗罕，姚宏敏，郑磊．法律对罢工权的确认及规范．法学，2001（5）.

159. 佟新．劳工政策和劳工研究的四种理论视角．云南民族大学学报（哲学社会科学版），2008（5）.

160. 王长城．国有企业下岗职能劳动关系及其处理．中南财经大学学报，2000（1）.

161. 王韩康，卢中原．论我国社会主义计划市场体系及其实现途径．中国社会科学，1986（2）.

162. 王健英．中共中央机关历史演变考实（1921—1949）中共党史出版社，2005.

163. 王乃荣，李景森．劳动合同制的概念及其适用范围．法律学习与研究，1988（3）.

164. 王全兴．集体合同论纲．法商研究（中南政法学院学报），1995（4）.

165. 王绍光等．经济繁荣背后的社会不稳定．战略与管理，2002（3）.

166. 王天玉．基于互联网平台提供劳务的劳动关系认定．法学，2016（6）.

167. 王延中．中国积极劳动政策的实践．管理世界，2003（3）.

168. 王珏，肖欣．试论劳动资源市场. 光明日报，1986. 7. 12.

169. 闻效仪．从“国家主导”到多元推动——集体协商的新趋势及其类型学．社会学研究，2017（2）.

170. 文魁，谭浩．我国集体协商制度存在的问题及对策建议．湖南社会科学，2006（1）.

171. 卫兴华．社会主义商品论不能成立．中国社会科学，1987（1）.

172. 吴建南，马亮．政府绩效与官员晋升研究综述．公共行政评论，2009（2）.

173. 吴建南，马亮．“守法”与“维权”的边界：外企工会组建与运行模式的分析．学海，2008（5）.

174. 吴建南，马亮．集体协商与“国家主导”下的劳动关系治理——指标管理的策略与实践．社会学研究，2012（3）.

175. 吴一平．财政分权腐败与治理．经济学（季刊），2008（3）.

176. 吴忠民．中国劳动政策问题分析．当代世界与社会主义，2009（2）.

177. 吴忠民．中国现阶段劳动政策的主要特征．中国人民大学学报，2009（2）.

178. 吴建平．地方工会“借力”运作的过程、条件及局限．社会学研究，2017（2）.

179. 吴清军．结构主义与经验主义的制度研究及转向——欧美劳动关系理论研究述评．社会学研究，2015（3）.

180. 吴清军．整合式还是多元化？——劳动关系研究范式的争辩与研究发展趋向．中国人民大学学报，2015（4）.

181. 吴清军，刘宇．劳动关系市场化与劳工权益保护——中国劳动关系政策的发展路径与策略．中国人民大学学报，2013（1）.

182. 夏积智．实行劳动合同制是中国劳动制度改革的必由之路．中国劳动科学，1992（1）.

183. 夏小林．私营部门：劳资关系及协调机制．管理世界，2004（6）.

184. 肖唐镖．当代中国的“维稳政治”：沿革与特点——以抗争政治中的政府回应为视角．学海，2015（1）.

185. 谢玉华，杨玉芬，郭永星．工资集体协商形成机理及其效果比较研究．广东社会科学，2017（2）.

186. 谢增毅．民法典编纂与雇佣（劳动）合同规则．中国法学，2016（4）.

187. 信长星．劳动力准商品与开放劳动力市场．经济学周报，1986.6.29.

188. 信卫平．国有企业改革进程中劳动关系市场化对劳动者的影响．工会理论与实践（中国工运学院学报），2001（2）.

189. 徐树理．析涉外企业劳动关系的特点．中国劳动科学，1994（3）.

190. 徐现祥，王贤彬．任命制下的官员经济增长行为．经济学（季刊），2010（4）.

191. 许晓军．略论我国乡镇企业的劳动关系．工会理论与实践（中国工运学院学报），1995（5）.

192. 约翰·巴德．劳动关系：寻求平衡，于桂兰等译．机械工业出版社，2013.

193. 岳经纶．中国劳动政策：市场化与全球化的视野．社会科学文献出版社，2007.

194. 岳经纶．中国劳动政策的反思．二十一世纪（双月刊），2007（1）.

195. 于桂兰，梁潇杰，孙瑜．基于扎根理论的企业和谐劳动关系质性研究．管理学报，2016（10）.

196. 游正林．60年来中国工会的三次大改革．社会学研究，2010（4）.

197. 张车伟，吴要武．城镇就业、失业和劳动参与：现状、问题和对策．中国人口科学，2003（6）.

198. 张静.“法团主义”模式下的工会角色.工会理论与实践（中国工运学院学报），2001（1）.

199. 张晏，龚六堂.分税制改革、财政分权与中国经济增长.经济学（季刊），2005（4）.

200. 张永宏.争夺地带：从基层政府化解劳资纠纷看社会转型.社会，2009（1）.

201. 张再平.当前我国劳动立法及其展望.中国法学，1989（3）.

202. 赵履宽.一部高水平的劳动问题专著——评《劳动关系·劳动者·劳权——当代中国的劳动问题》.工会理论与实践（中国工运学院学报），1996（4）.

203. 郑东亮，王文珍.国有企业劳动关系及其调整问题研究.经济研究参考，1996（7）.

204. 郑桥.劳资谈判.中国工人出版社，2003.

205. 郑尚元.建立中国特色的罢工法律制度.战略与管理，2003（3）.

206. 郑尚元.民法典制定中民事雇佣合同与劳动合同之功能与定位.法学家，2016（6）.

207. 中共中央党校课题组.国有企业职工下岗分流和再就业问题研究.中共中央党校学报，1998（4）.

208. 中国工运学院法律系课题.国有企业集体合同制度若干问题研究.工会理论与实践(中国工运学院学报)，1998（1）.

209. 周长征.我国劳动立法与基本国际劳工标准的比较.中国劳动，2004（5）.

210. 周长城，吴淑凤.中外合资企业中的劳资关系探讨.经济评论，2000（4）.

211. 周飞舟. 分税制十年：制度及其影响. 中国社会科学，2006（6）.

212. 周黎安. 晋升博弈中政府官员的激励与合作. 经济研究，2004（6）.

213. 周其仁. 机会与能力——中国农村劳动力的就业和流动. 管理世界，1997（5）.

214. 朱泽. "民工潮"问题的现状、成因与对策. 中国农村经济，1993（12）.

后　记

中国劳动关系的特色到底是什么？与欧美国家相比，中国劳动关系制度、实践以及中国劳动关系研究的特点到底有哪些？这些问题都是目前政府和学界比较关注的话题。本书以中国劳动关系研究的特点、中国构建和谐劳动关系的制度特点及中国劳动关系制度实践的特点为基本框架，把我近些年来的一些写作整合成专著，基本上涵盖了我对中国劳动关系问题的思考与想法。本书第五章中的数据处理由赵燕丽完成，文章由我与赵燕丽共同完成。赵燕丽在第五章内容的基础上，完成了自己的硕士论文，此次书籍出版已得到赵燕丽的书面允许，在此特作说明。在后记部分，我主要对当前劳动关系领域出现的一些新问题及学界讨论的热点话题做一个说明和补充。

第一，数字经济与新业态。

理查德·海曼（Richard Hyman）在 2004 年的一篇分析劳动关系理论的文章中提出疑问，为什么每个国家的劳动关系都是例外主义？中国的劳动关系也同样如此，属于特例，在劳动关系主体、运行环境、制度以及形态上都与欧美国家存在着巨大的差异。随着数字经济与新业态的发展，这种差异将会变得越来越大。中国数字经济的发展速度与总体规模都已处于世界前列，这会使得中国劳动关系的独特性变得更加明显。

2020 年 7 月 7 日，国家统计局公布了我国“三新”经济增加值：经核算，2019 年我国“三新”经济增加值为 161927 亿元，占 GDP 比重的 16.3%，比 2018 年提高 0.2 个百分点；按现价计算的增速为 9.3%，比同期 GDP 现价增速高 1.5 个百分点。通过国家统计局的数据可以看出，我国以数字经济为代表的新经济已在国民经济中占有了一定的分量，并且正在以快速增长的趋势发展。在快速发展的数字经济中，新业态不断涌现，且参与新业态工作的劳动者数量也在高速增长。

尽管目前对参与新业态的劳动者数量缺乏国家统一的统计口径，但通过几份研究报告也能看出其目前的发展状况。国家信息中心分享经济研究中心发布的《中国共享经济发展报告(2020)》认为，2019 年，在整体就业形势压力较大的情况下，共享经济领域就业仍然保持了较快增长。据估算，中国数字经济平台的员工数为 623 万人，比 2018 年增长 4.2%；共享经济参与者人数约 8 亿人，其中服务提供者人数约 7800 万人，同比增长 4%。而中国人民大学劳动人事学院课题组的《阿里巴巴零售平台就业机会测算与平台就业体系研究报告》显示，2019 年阿里巴巴全生态就业体系中共蕴含就业机会 6901 万个，其中电子商务平台带动就业机会 4976 万个，服务新消费平台带动就业机会 553 万个，大文娱平台带动就业机会 302 万个，互联网基础设施带动就业机会 1070 万个。中国人民大学劳动人事学院课题组的另一份报告——《滴滴平台新就业报告（2020)》显示，2019 年，滴滴平台在国内共带动 1360 万个就业机会，其中包括网约车司机、代驾、单车运维人员等 761.6 万个直接就业机会。在间接就业方面，滴滴平台带动上下游产业链汽车生产、销售、加油及维保等就业机会 597.9 万个。

通过上述几份报告可以看出，参与新业态的劳动者数量越来越多。但是，随着劳动者数量的增长，劳动者与互联网平台之间到底属于什么关系，这成为目前学界和社会讨论的热点话题。二者之间到底属于劳动关系、承揽关系还是劳动关系的特殊形式？目前学界和政策上都没有统一的定论。劳动关系学科作为研究劳动关系主体间关系的学科，在当前数字经济和新业态蓬勃发展的背景下，更应该像 20 世纪 20 年代美国初创时期的劳动关系研究那样，不局限于雇佣关系的研究，而更应该放宽视野，把劳动关系学科看成研究资本与劳动之间关系的研究领域。基于对劳动关系学科的定位，我们认为，随着数字技术和数字经济的发展，我们需要去讨论劳动者与平台之间的关系，但不能仅停留于此，还应做更进一步的深入研究，研究数据、资本、劳动、技术以及管理等生产要素在新业态中的配置方式和收益分配机制。

数字经济在经济形态、资源配置方式、收益分配和就业创造机制等方面，与传统经济都存在着巨大区别。互联网平台通过大数据运算，能够根据市场需求及时、灵活配置数据、资本、劳动及管理等生产要素，把市场需求变成一个个“任务订单”。因为平台配置资源具有灵活性，所以劳动者可以不受地域、组织以及职业身份等因素的限制，独立完成任务订单。如果按照社会再生产过程来看，数据作为关键要素参与了平台的生产（服务）、分配、交换与消费所有环节。所以，数字经济不仅产生了新的生产要素，而且也改变了生产要素的配置方式，甚至改变了传统劳动力市场运行的基本规则。随着数字经济的不断发展，我们需要对平台上的生产要素及要素配置机制进行重新考虑，同时对平台的组织形式、管理方式及收益分配关系也要进行重新考虑。这些问题既是劳动关系未来研究的重要问题，同时也将是体现中国劳动关系特色的重要特征。

第二，非标准劳动关系的研究。

随着数字经济的发展，非标准劳动关系的用工形态也呈现出急剧增长的趋势。劳动关系学科自20世纪50年代开始，就把研究对象框定在劳动关系制度之上，研究的重点也在于标准劳动关系的制度与运行机制。但是在数字经济之中，传统雇佣模式已不再适应新业态的发展，而非标准劳动关系的用工（或称为灵活用工方式）在近年来得到了快速的发展。有学者判断，自20世纪80年代以后，劳动关系在全世界范围内都越来越呈现出非标准化的趋势。当前新科技、新技术、新业态及新商业模式正在加速推进非标准化用工在劳动力市场中的发展，企业组织为更快适应技术的高速发展与市场的瞬息变化，纷纷采用灵活配置人力资源的方式进行用工。

那么，如何研究灵活用工呢？要研究灵活用工，首先需要对灵活用工、灵活就业等概念进行清晰的分析。目前关于灵活用工和灵活就业的概念，学界和实务界的认识都比较模糊，所以在具体研究灵活用工之前，需要对这两个概念进行重新界定。在我国学术研究与政策讨论中，往往混淆了灵活就业与灵活用工的概念，甚至混淆了国际劳工组织界定的非正规就业与非标准雇佣。有学者指出，灵活就业与灵活用工是两个内涵与外延都不一样的概念，灵活就业指的是劳动者提供劳动与获得劳动报酬的就业方式，而灵活用工则指的是雇主不同于传统标准雇佣模式的工作安排形式。灵活就业强调的是劳动者提供劳动的就业状态，可分为正规就业与非正规就业、自雇就业与他雇就业、长期就业与临时就业等；灵活用工强调的是雇主充分利用雇佣组织外部人力资源的用工形式，可分为正规雇佣和非正规雇佣、标准雇佣和非标准雇佣、长期雇佣和临时雇佣等。所以，要研究灵活用工或者非标准劳动关系的用工，还需对这些概念进行清晰界定。只有概念界定清楚了，才有可能做进一步的分析和探讨。

第三，劳动关系跨学科的研究趋向。

自 20 世纪 90 年代开始，当美国和英国的劳动关系学科走向死亡边缘的时候，一批学者为了求得学术生存，开始与人力资源管理相结合，研究高绩效系统（high performance）的问题。劳动关系主动谋求学科的融合并进行跨学科的研究将是劳动关系继续生存下去的方法和途径。今天当我们研究非标准劳动关系或灵活用工的主题时，同样也是寻找学科发展的途径和方法。当然，要做好这些研究，跨学科的视角与理论融合将是未来研究的发展趋势。

对于灵活用工，目前学界主要集中在劳工政策、劳动法学和管理学三个学科下进行讨论。

一是劳工政策语境。我国目前在政策上讨论灵活用工主要引用国际劳工组织的“非标准雇佣”（Non - standard Employment）的概念。随着数字经济的发展，非标准雇佣在用工规模与模式上更是得到了突破性发展。国际劳工组织为规范那些“规避税收和社会保障”的“隐蔽劳动关系”，近 10 多年来做出了较大的努力，发布了多项建议书和公约。国际劳工组织的报告对非标准雇佣做出了较为明确的说明，认为“非标准雇佣没有官方定义。一般来说，非标准雇佣是指标准雇佣关系范围之外的工作”。标准雇佣关系是指全日制、无固定期限，并且构成雇主与雇员从属关系一部分的雇佣形式。而对于非标准雇佣，国际劳工组织列举了四种基本类型，即四种非标准雇佣类型：(1) 临时性就业；(2) 非全日制工作；(3) 临时介绍所工作和其他多方雇佣关系；(4) 隐蔽性雇佣关系和依赖性自雇就业。

二是劳动法学的讨论。劳动法学讨论灵活用工，更强调灵活用工中组织与劳动者的权利义务关系。早在 20 世纪八九十年代，学界就给出了概念界定。理查德·贝洛斯（Richkard Belous）在 1989 年认为不确定的非典型雇佣包含了临时性用工、非全日制用工和分包用工。1993 年，经济合作与发展组织用非典型雇佣（atypical employment）泛指传统全日制雇佣模式之外的任何形式，包括轮换工、周末工作、自雇、非全日制工作和临时雇佣等一系列就业实践，反映了劳动力市场的灵活性。经济合作与发展组织在 2002 年将非标准雇佣分为临时雇佣（temporary employment）和非全日制工作（part - time jobs）两种。

三是管理学的讨论。在管理学的讨论中，学者对灵活用工的讨论更强调人力资源的灵活配置方式。管理学对灵活用工或被称为非典型雇佣的深入研究源于对人力资源柔性的研究（human resource flexibility）。约翰·阿克廷森（John Aktinson）于 1984 年就提出了柔性（也译成弹性）企业模型（flexible firm）。他认为组织或企业为完成既定的任务，不再像过去那样采取刚性的管理方式，而是利用弹性及多样性方式来取代传统的单一化人力雇佣，以适应内外环境的压力。因此，他根据组织特性将劳动分为核心人力（coreworker）、边缘人力

(peripheral worker)、外部人力（external worker）三种。

在 Aktinson 等人研究的基础上，战略人力资源管理则对人力资源柔性进行更加深入的研究，研究的方向包括对柔性的分类研究（如对组织柔性的研究：要素柔性、流程柔性等，对人力资源柔性的研究：技能柔性、行为柔性、人力资源实践柔性等），对人力资源柔性与组织绩效的关系研究、对人力资源柔性与组织柔性的关系研究等。

通过以上劳工政策、劳动法学和管理学对灵活用工的界定来看，要想对灵活用工进行更深入的研究，势必要采用跨学科的研究方法，任何单一学科都很难把问题研究清楚。劳动关系的跨学科研究是劳动关系未来研究的发展趋势。

最后，写完此篇后记，本书到此完稿。在本书的最后，我要感谢本书的责任编辑，正是他的不断鼓励和催促，此书才有可能成稿和出版。同时，也感谢中国工人出版社对于本书的大力支持。

吴清军

2020 年 12 月于求是楼